Die Gedichte

Walthers von der Vogelweide.

Herausgegeben

von

Hermann Paul.

———————————

Halle.
Max Niemeyer.
1882.

Altdeutsche textbibliothek, herausgegeben von H. Paul.
No. 1.

Vorrede.

———

Dem zwecke der sammlung entsprechend, die mit diesem bande eröffnet wird, bin ich lediglich bestrebt gewesen die gedichte Walthers durch eine möglichst billige und handliche ausgabe leicht zugänglich zu machen. Ich mache nicht den anspruch, damit etwas wesentliches für die kritik und erklärung geleistet zu haben. Meine arbeit hat hauptsächlich darin bestanden, aus der masse der aufgestellten vermutungen das wenige sichere oder wenigstens plausible herauszusuchen.

Bei der herstellung des textes habe ich mich enger an die handschriftliche überlieferung angeschlossen als alle früheren herausgeber. Ich will damit nicht in allen fällen die richtigkeit derselben als zweifellos hinstellen, aber ich meine, dass wir immer auf einem festeren boden bleiben, wenn wir eine überlieferte lesart, die uns einiges bedenken erregt, stehen lassen, als wenn wir sie durch eine conjectur ersetzen, die willkürlich aus verschiedenen möglichkeiten ausgewählt ist. Am wenigsten habe ich da, wo der sinn keinen anstoss erregt, unerwiesenen metrischen voraussetzungen zu liebe ändern mögen. In der beseitigung orthographischer und dialektischer eigenheiten der handschriften bin ich weiter gegangen als Lachmann, um das verständniss eines textes, der auch von anfängern gebraucht werden soll, nicht unnötig zu erschweren. Im übrigen lege ich auf die von mir gewählte schreibweise kein besonderes gewicht, da ich sehr wol weiss, wie wenig wir im stande sind ein abbild von der wirklichen sprache des dichters zu geben. Die anmerkungen, die auf das knappste mass beschränkt werden mussten, dienen hauptsächlich dazu über die den gedichten zu grunde liegenden politischen und persönlichen verhältnisse aufschluss zu geben.

Die wichtigsten punkte, in denen ich in bezug auf textkritik, erklärung und datierung der lieder von den bisherigen herausgebern abgewichen bin, sind im achten bande der Beiträge zur gesch. d. deutsch. spr. u. lit. näher erörtert.

Folgende druckfehler bitte ich zu berichtigen. Im texte: 1,17 *Du*, l. *Dû*. 36,53 *geflac*, l. *gepflac*. 56,5 *srîten*, l. *strîten*. 73,44 *izt*, l. *ist*. 73,64 *ihr*, l. *ir*. 74,28 *mau*, l. *man*. 75,114 *höfcher*, l. *höfscher*. 75,173 *nnd*, l. *und*. 79,51 *sin*, l. *sîn*. In den anmerkungen: s. 97, z. 3 *als*, l. *alt*. s. 129, z. 1 *flnden*, l. *finden*. Einige male ist die bezeichnung der strophengliederung durch grosse anfangsbuchstaben versäumt: 2,5. 3,37. 7,7. 12,27. 13,29. 44,5. 61,3. 11.

Freiburg i. B., October 1881.

H. Paul.

Einleitung.

1. Walthers leben. [1])

Die kenntniss der lebensumstände Walthers von der Vogelweide verdanken wir fast ausschliesslich den andeutungen in seinen gedichten. Nur wenige sonstige zeugnisse stehen uns zu gebote.

Ueber sein geburtsjahr können wir nur auf grund späterer feststehender daten aus seinem leben eine ungefähre vermutung wagen. Wir werden dadurch auf ca. 1160—70 geführt. Seine heimat hat man in den verschiedensten gegenden Deutschlands gesucht; so in der Schweiz [2]), in Franken [3]), in Oestreich [4]). Neuerdings ist mit besonderer entschiedenheit die ansicht

---

[1) Gesammtdarstellungen von Walthers leben, die eine selbständige bedeutung in anspruch nehmen dürfen, sind die folgenden. L. Uhland, Walther von der Vogelweide, ein altdeutscher dichter, Stuttgart 1822; wider abgedruckt in Uhlands schriften zur geschichte der dichtung und sage Bd. 5, Stuttgart 1870. V. d. Hagen, Minnesinger IV, 160—190. M. Rieger, Das leben Walthers von der Vogelweide, Giessen 1863. R. Menzel, Das leben Walthers von der Vogelweide, Leipzig 1865. Man vgl. ausserdem die einleitungen von Pfeiffer und Wilmanns zu ihren ausgaben. Mit der chronologie der gedichte Walthers und somit auch mit seinem leben beschäftigen sich O. Abel, Zschr. f. deutsches altert. IX, 138. Wilmanns ib. XIII, 249. Nagele, Germania XXIV, 151. 298. Ausserdem vgl. man die anmerkungen zu den ausgaben von Lachmann, Pfeiffer und Wilmanns und zu der übersetzung von Simrock. 2) Zuerst Waser in seiner ausgabe von Stumpfs Schweizerchronik vom jahre 1606. In neuerer zeit H. Kurz, Ueber Walthers von der Vogelweide heimat und herkunft, Aarau 1863. 3) Oberthür, Die minne- und meistersinger aus Franken, Würzburg 1818, s. 30. Wackernagel in den anmerkungen zu Simrocks übersetzung II, 194. Pfeiffer, Germania V, 1. 4) Lachmann zu 34, 18 und 124, 7 seiner ausgabe (erst in der zweiten auflage).]

geltend gemacht, dass er aus Tirol stamme, wo an mehreren örtlichkeiten der name Vogelweide haftet. Zuerst entschied sich Pfeiffer[1]) für ein Vogelweide, das er in einem unter der regierung des grafen Meinhard von Tirol († 1295) geschriebenen urbarbuche nachwies, und das im Eisak- oder obern Wiptale zwischen Schellenberg und Mittenwalde gelegen haben muss. Später wurden ansprüche erhoben für den Innervogelweiderhof im Layener Ried[2]). Indessen ist Vogelweide als orts- und personenname und das davon abgeleitete Vogelweider als personenname auch anderweitig nachzuweisen[3]), und die sonst für Tirol geltend gemachten gründe sind nicht stichhaltig.[4]) Wir müssen eingestehen, dass uns die heimat des dichters unbekannt ist.

Walther stammte aus einem ritterbürtigen geschlechte. Das beweist der ihm übereinstimmend von den zeitgenossen und den jüngern ihm der zeit nach noch nicht zu fern stehenden dichtern und handschriftenschreibern beigelegte titel *her*. Dass er auch wirklich die ritterwürde erworben hat, ist an sich nach der sitte der zeit wahrscheinlich. Es würde sich mit sicherheit aus 2,3. 3,3. 4,3 unserer ausgabe ergeben, wenn die echtheit der betreffenden lieder über allen zweifel erhaben wäre, und wenn wir sie mit notwendigkeit auf ein reales liebesverhältniss des dichters beziehen müssten. Irgend ein besitztum oder lehen scheint er von hause aus nicht gehabt zu haben. Er war auf die gnade anderer angewiesen.

Sein bildungsgang wird der gewöhnliche eines ritters gewesen sein. Es ist nicht wahrscheinlich, dass

---

1) In der einleitung zu seiner ausgabe s. XIX, sechste aufl. s. XXV. 2) Zuerst von A. Spiess und J. Haller. Vgl. über diese ansprüche besonders P. Anzoletti, Zur heimatfrage Walthers von der Vogelweide, Bozen 1876; J. Zingerle, Germania XX, 257; Ficker, ib. 271. 3) Vgl. Scheins, Zschr. f. deutsches altertum XIX, 239. J. M. Wagner ib. Palm, zschr. f. deutsche philol. V, 203. 4) Vgl. Schönbach, Anzeiger der zschr. f. deutsches altertum IV, 6; Zarncke, Beitr. zur gesch. d. deutschen sprache u. literatur II, 574.

er schulmässig in der gelehrsamkeit der zeit unterrichtet ist. Es kann sein, dass er nicht einmal lesen und schreiben gelernt hat. Die paar lateinischen brocken, die bei ihm vorkommen, und die theologische gelehrsamkeit seiner religiösen dichtungen waren gemeingut, das man sich auch ohne schule aneignen konnte.

Walther sagt 75,138, dass er in Oestreich die sangeskunst erlernt habe. Sein hauptlehrer darin (an einen förmlichen unterricht werden wir allerdings nicht zu denken haben) war Reinmar, zum unterschied von andern dichtern des gleichen namens „der alte" beibenannt, wahrscheinlich identisch mit „der von Hagenau", die Gottfried von Strassburg in seinem Tristan 4777 ff. als die erste unter allen nachtigallen, d. h. unter allen minnesingern preist. Reinmar lebte am österreichischen hofe in einer stellung, die wir wol als die eines hofdichters bezeichnen können. In eine ähnliche stellung scheint auch Walther eingetreten zu sein. Er war so in der ersten zeit seiner dichterischen tätigkeit der sorge um seinen unterhalt enthoben, indem ihm alles, was er brauchte, von dem herzoge zu teil ward. Wann Walther zuerst nach Wien gekommen ist, lässt sich nicht ausmachen. 68,13 erwähnt er Friedrich von Oestreich (1194—98) als seinen gönner. Es ist aber wahrscheinlich, dass er schon unter dessen vater, Leopold VI am hofe geweilt hat. In dem liede 92,1 rechnet er vierzig jahre oder noch mehr, während deren er von minne gesungen habe. Wir können dies lied aber nicht bestimmt datieren, sondern eben nur aus dieser äusserung schliessen, dass es den spätesten lebensjahren des dichters angehören muss, wozu der ganze ton stimmt. [1] Nach der stellung, welche Walther in der entwickelung der lyrik einnimmt, ist

---

[1] Ohne zureichenden grund setzt es Rieger (leben Walthers s. 75 ff.) und nach ihm Wilmanns in das jahr 1217, was einen so frühen anfangspunkt für die dichterische tätigkeit Walthers ergeben würde, wie er mit dem, was wir sonst von der entwickelung des minnesangs wissen, nicht zu vereinbaren ist.

es nicht wol gestattet den anfang seines dichtens viel
über 1190 hinaus zurückzuschieben.

Herzog Friedrich starb am 15. oder 16. april in
Palästina. Ihm folgte sein bruder Leopold VII. Zwi-
schen diesem und Walther scheint ein missverhältniss
bestanden zu haben, wovon wir die ursache nicht
kennen. Denkbar wäre es, dass Reinmar dazu bei-
getragen hat, zu dem Walther in ein feindseliges ver-
hältniss geraten war, wie aus den ihm gewidmeten
klagestrophen (71,1) hervorgeht. In folge davon war
es für Walther unmöglich länger in dem früheren ver-
hältnisse in Wien zu bleiben, und er sah sich genötigt
anderswo ein unterkommen zu suchen. Da er 68,13
den tod Friedrichs als den anfangspunkt seines un-
glücks bezeichnet, so müssen wir wol annehmen, dass
er Wien erst verlassen hat, nachdem die nachricht von
diesem trauerfall dort angelangt war.

Walther ergreift jetzt, so viel wir wissen, als der
erste unter den ritterlichen dichtern, das gewerbe eines
fahrenden spielmanns. Als solcher treibt er sich mehr
als zwanzig jahre lang in den verschiedensten gegen-
den umher. 75,161 bezeichnet er die flüsse Seine und
Mur (in Steiermark), Po und Trave als grenzen, inner-
halb deren er das leben der menschen beobachtet habe.
52,30 spricht er sogar von vielen ländern, die er ge-
sehen habe, und räumt Deutschland den vorzug vor
allen ein. Der ausdruck ist wol etwas übertrieben, um
die ehre Deutschlands kräftiger hervortreten zu lassen.
Wir sind ausser stande die ganzen wanderungen des
dichters im einzelnen zu verfolgen. Dazu reichen die
mannigfachen anhaltspunkte doch nicht aus, die uns
allerdings durch seine gedichte geboten werden. Die
darin enthaltenen andeutungen sind vielfach zu unbe-
stimmt und für uns nicht mehr verständlich. Wir sind
ja aber auch gar nicht berechtigt zu erwarten, dass er
auf jeden einigermassen wichtigen umstand seines le-
bens irgendwo anspielen müsste. Von vornherein muss
es als verfehlt betrachtet werden, wenn man, wie es
gewöhnlich geschieht, die wanderungen Walthers und

seine beziehungen zu fürstenhöfen auf denjenigen kreis eingeschränkt, auf den wir durch die erhaltenen gedichte gewiesen werden. Das einzige, erst neuerdings bekannt gewordene, anderweitige zeugniss über Walthers wanderungen in dieser periode, zeigt ihn uns im jahre 1203 an einem orte und in einer beziehung, wovon bis dahin niemand etwas vermuten konnte. Es ist sehr geeignet die übliche art sein leben zu construieren zu discreditieren.

Walther hat an mehreren höfen längere zeit verweilt und vielleicht hier und da auf ein dauerndes verhältniss gerechnet. Dass er aber irgendwo jahre lang hinter einander sich aufgehalten habe, ist eine zwar nicht widerlegbare, aber auch nicht beweisbare annahme. Seine normale lage stellt er 75,77 und 76,38 ausdrücklich so dar, dass er von tag zu tag genötigt sei sein quartier zu wechseln. Den versuch Walthers lebensjahre auf einen thüringischen, meissnischen, östreichischen etc. aufenthalt, respective mehrere thüringische, östreichische aufenthalte zu verteilen hätte man niemals machen sollen. Ich verzichte auf eine derartige chronologie, indem ich die höfe aufzähle zu denen sich eine beziehung Walthers für diese periode nachweisen lässt.

Ich beginne mit dem deutschen königshofe. Gleich nachdem er Oestreich verlassen hatte, scheint sich Walther zu Philipp von Schwaben gewendet zu haben, in dessen interesse er bereits den spruch 67,1 gedichtet hatte. Er war zugegen wahrscheinlich bei der ersten krönung Philipps am 8. sept. 1198 (68,1) und sicher bei dessen Weihnachtsfeier in Magdeburg 1199 (68,25). Aus 68,13 geht hervor, dass er geradezu unter das hofgesinde Philipps aufgenommen war. Jedoch das verhältniss kann nicht von langer dauer gewesen sein, wenn die annahme richtig ist, dass er schon im jahre 1200 wider den Wiener hof aufgesucht hat (vgl. zu 69,1). Für das jahr 1203 ist uns sicher bezeugt, dass er nicht mehr in der umgebung Philipps weilte, sondern auf der wanderschaft begriffen war. In den kürzlich aufgefundenen reiserechnungen [1]) Wolfgers von Ellenbrechtskirchen, bischofs von Passau, seit 1204 patriarchen von Aquileja, findet sich unter andern ausgaben auch folgende verzeichnet: *Sequenti die apud Zeize ... Walthero cantori de Vogelweide pro pellicio .V. sol. longos.* Walther erhält also vom bischof fünf solidi zur anschaffung eines pelzkleides geschenkt. Hinter *Zeize* ist ein stück fortgerissen; nach den voranstehenden und folgenden ortschaften kann es nicht zweifelhaft sein, dass wir es zu '*Zeizemurum* zu ergänzen haben. *Zeizemûre,* jetzt Zeiselmauer liegt am rechten ufer der Donau zwischen Tulln und Klosterneuburg. Eine weitere untersuchung über die rechnungen ergibt, dass die schenkung am 12. nov. 1203 erfolgte. [2]) Hieraus erhellt die unrichtigkeit der früher gangbaren annahme, dass sich Walther um diese zeit noch an dem hofe Philipps befunden habe. In Philipps interesse dichtete er noch nach dem 29. juni 1201 den spruch 67,25. Zwei ermahnungen an Philipp, die wahrscheinlich einer späteren zeit angehören (68,36. 70ª,1), zeigen ihn nicht gerade in des königs dienste.

Nach Philipps tode hat sich auch Walther der allgemeinen anerkennung Ottos nicht entzogen. In persönliche beziehung zu diesem scheint er erst nach dessen rückkehr aus Italien im märz 1212 getreten zu sein. Der spruch, mit welchem er den heimkehrenden begrüsst (73,1), scheint der erste unter den in Ottos interesse verfassten zu sein. Beweisen lässt es sich freilich nicht, dass nicht auch einige schon gedichtet sein können, während Otto noch in Italien weilte.

----

1) Zuerst entdeckt von A. Wolf im communalarchiv zu Cividale und vollständig veröffentlicht von J. Zingerle, Reiserechnungen Wolfgers von Ellenbrechtskirchen, bischofs von Passau, patriarchen von Aquileja. Heilbronn 1877. Vgl. die frühere abhandlung von Zingerle in der Germania XXI, 193. 2) So hat Zingerle zuerst den termin bestimmt. Winkelmann in der Germania XXIII, 236 ff. nimmt das jahr 1199 an. Dagegen ist Zarncke in den berichten der königl. sächs. gesellschaft der wissenschaften, phil.-hist. classe 1878 für die ansetzung Zingerles eingetreten. Vgl. noch gegen Zarncke für Winkelmann die abhandlung von A. Nagele, Germania XXIV, 392 ff. und dagegen wider Zarncke, ebenda XXV, 71.

Otto war am 4. okt. 1209 zum kaiser gekrönt, aber
bald darauf in folge eines angriffs auf das königreich
Sicilien mit pabst Innocenz zerfallen. Dieser sprach
am 18. nov. 1210 den bann über ihn aus und reizte
die deutschen fürsten zum abfall von ihm. Eine für-
stenversammlung zu Nürnberg beschloss im september
1211 die erhebung Friedrichs von Sicilien zum deut-
schen könig. Ottos rückkehr brachte die aufrührer
zunächst wider zur unterwerfung. Aber als Friedrich,
der an ihn ergangenen aufforderung folgend, im sept.
1212 in Deutschland erschien, fiel ihm rasch ein grosser
teil der fürsten zu. Am 5. dec. ward er zu Frankfurt
gewählt und am 9. dec. zu Mainz gekrönt. In dem
kampfe der beiden parteien vertritt Walther energisch
die sache des kaisers gegen den pabst. Hierher ge-
hören die sprüche 73,13. 48. 75,1—70 und wahrschein-
lich auch 69,46. Die spitze kehrt sich dabei überall
gegen den pabst und die geistlichkeit, die person
Friedrichs wird nirgends angegriffen. Wir wissen nicht,
ob sich Walther während dieser politischen tätigkeit
dauernd in der umgebung Ottos aufgehalten hat. Je-
denfalls ward sie nach seiner eigenen auffassung im
dienste Ottos ausgeübt, und er hielt sich für berechtigt,
eine belohnung dafür zu verlangen. Seine bitte ihm
ein heimwesen zu verschaffen (75,70) [1] blieb erfolglos.
Mit entrüstung über den undank Ottos (vgl. 76,1—20)
wendet er sich schliesslich wie fast alle früheren an-
hänger desselben von ihm ab und tritt zu Friedrich
über. Wann dieser übertritt erfolgt ist, lässt sich nicht
ausmachen. Kurze zeit vor den übertritt gehört viel-
leicht die strophe 70ᵃ,15, in der sich schon unzufrie-
denheit mit der politik Ottos ausspricht.

Friedrich zeigte sich gleich im anfang freigebig
gegen den dichter, welcher selbst bekennt, dass er noch
durch nichts eine belohnung von ihm verdient habe
(76,3). Diese gunstbezeugungen scheinen aber vorüber-

---

1) Dass es Otto ist, an den sie gerichtet ist, steht allerdings nicht
vollkommen fest.

gehend gewesen zu sein, und wir sehen auch nicht,
dass Walther dem könige in den ersten jahren durch
seine tätigkeit irgend etwas genützt hat, worauf er
höhere ansprüche hätte begründen können. Erst kurz
vorher, ehe Friedrich zur kaiserkrönung nach Italien
zog (im frühling 1220), zu einer zeit, wo er Walthers
dienste sehr gut brauchen konnte, scheint sich dieser
an ihn mit der nämlichen bitte gewendet zu haben, die
ihm früher von Otto abgeschlagen war (76,31). Er er-
hielt ein lehen von Friedrich, wofür er seinen dank
mit lautem jubel ausspricht (76,41). Bald darauf je-
doch klagt er, dass ihm nichts davon übrig bleibe,
womit er den zehnten bezahlen könne. Jedenfalls
aber hatte er nun eine gesicherte existenz, und die
periode der unstäten wanderschaft war abgeschlossen.
Auf grund der nachrichten über Walthers grabmal hat
man vermutet, dass sein lehen in Würzburg gelegen
habe.

Wenden wir uns jetzt zu den sonstigen beziehun-
gen Walthers in diesem zeitraume, so ist zunächst her-
vorzuheben, dass er, wenngleich er den Wiener hof
als dauernde heimat hatte aufgeben müssen, doch
widerholt auf kürzere oder längere zeit dahin zurück-
gekehrt ist.[1] Diesem hofe wider anzugehören ist
nach einer undatierbaren strophe (71,53) eins von den
drei hauptzielen seiner sehnsucht. Nach einer anderen
undatierbaren strophe (75,111) ist Leopolds hof einer
von den dreien, wo ihm stets ein unterkommen ge-
sichert ist. Daraus lässt sich wol auf ein häufigeres
ab- und zugehen Walthers schliessen. Als er mit sei-
nem höfischen gesange kein gehör mehr finden kann,
wendet er sich an Leopold als seine letzte zuflucht
(75,121. 131). Die bitte an den freigebigen herzog auch
seiner zu gedenken (69,16) und der vergleich zwischen
dem früheren glanze und dem dermaligen verfall des

---

1) Vgl. Wackernell, Walther von der Vogelweide in Oestreich.
Innsbruck 1876. Dazu Schönbach im anzeiger d. zschr. f. deutsches altert.
IV, 1. Wackernell in der zschr. f. deutsche phil. XI, 62.

hofes (69,31) werden jetzt gewöhnlich noch in die zeit von Walthers ständigem aufenthalt in Wien gesetzt, sind aber wahrscheinlich bei späteren besuchen entstanden. Bestimmtere anhaltspunkte für die zeitbestimmung geben uns 69,1. 75,141. 76,21. 69,1 ist wahrscheinlich bei gelegenheit der schwertleite Leopolds verfasst (pfingsten 1200). 76,21 ist zur begrüssung des herzogs bei seiner rückkehr vom kreuzzuge verfasst, aus 75,141 geht hervor, dass Walther sowol zu einer zeit, wo Leopold die kreuzfahrt noch nicht angetreten, aber schon beschlossen hatte, als auch einige zeit nach seiner rückkehr in Wien gewesen ist. Daraus folgt aber nicht, dass er auch in der ganzen zwischenzeit während der abwesenheit Leopolds dort verweilt hat. Leopold brach im juni 1217 nach Palästina auf und kehrte im juli 1219 zurück. Indessen muss bemerkt werden, dass sich die beiden sprüche auch auf den kreuzzug beziehen könnten, den Leopold im jahre 1212 gegen die spanischen Sarracenen und die Albigenser unternahm. Er entledigte sich damit eines gelübdes, von dem schon in einem an ihn gerichteten schreiben des pabstes vom 25. febr. 1208 die rede ist, wobei es ursprünglich und noch im jahre 1210 auf eine fahrt nach Palästina abgesehen war. Die sparsamkeit Leopolds, auf die 75,141 gedeutet wird, lässt sich demnach schon auf die zeit von 1208 an beziehen. Noch ist ein an Leopold gerichteter spruch zu erwähnen (75,151), welchen Lachmann als den ausdruck eines definitiven zerwürfnisses zwischen diesem und dem dichter auffasst und daher als den letzten auf den östreichischen hof bezüglichen spruch betrachtet. Man kann dabei aber auch an einen harmlosen scherz denken und dann fehlt jeder anhalt zu einer zeitbestimmung. Ein aufenthalt Walthers in Oestreich ist uns endlich durch die reiserechnungen Wolfgers (vgl. oben s. 6) für den 12. nov. 1203 bezeugt. Es ist wahrscheinlich, dass er sich damals auf dem wege von oder, nach Wien befand.

75,111 ff. preist Walther neben Leopold zwei andere gönner, bei denen ihm stets ein unterkommen gesichert ist. Den einen bezeichent er als den *veter*, d. h. nach dem gewöhnlichen sprachgebrauch oheim Leopolds. Gemeint ist wahrscheinlich herzog Heinrich, bruder Leopolds VI, der zu Mödling seinen sitz hatte, gestorben 1223. Dass mit dem *biderben patriarken* Berthold von Andechs, seit 1218 patriarch von Aquileja gemeint sein müsse, ist eine annahme, die man ohne grund immer widerholt hat. Es liegt näher an seinen vorgänger Wolfger zu denken, zumal da jetzt bezeugt ist, dass derselbe schon als bischof von Passau den dichter beschenkt hat. Ein anderer benachbarter fürst, dessen freigebigkeit Walther häufig erfahren hat (nach 75,91) ist der herzog von Kärnthen (Bernhard 1202—56). Aber dass er sich längere zeit hinter einander an dessen hofe aufgehalten habe, ist aus den beiden auf ihn bezüglichen strophen (75,91. 101) nicht zu schliessen.

Neben dem Wiener ist es der glänzendste unter den deutschen höfen dieser zeit, der des landgrafen Hermann von Thüringen, an welchem Walther am meisten verweilt zu haben scheint. Wir haben darüber ausser seinen eigenen gedichten das zeugniss Wolframs von Eschenbach. Dieser beschwert sich in seinem Parzival über die vielen unwürdigen unter dem hofgesinde Hermanns und fährt dann fort (297,24): *des muoz her Walther singen 'guoten tac, bœse unde guot';* offenbar der anfang eines verlorenen liedes, das Walther am Thüringer hofe vorgetragen hat. Die zeit, in welcher Wolfram diese anspielung machte, lässt sich ungefähr danach bestimmen, dass er an einer späteren stelle (379,17) von den noch sichtbaren spuren der verwüstung des Erfurter weingartens spricht. Diese verwüstung war offenbar die folge der kämpfe des jahres 1203, in welchem Erfurt durch Philipp eingenommen wurde, der dann darin von den anhängern Ottos belagert wurde. Da demnach diese stelle nicht lange nach der belagerung gedichtet ist, so ist auch die frühere spätestens nicht lange nach

derselben entstanden, vielleicht sogar noch etwas eher.
Da wir nun Walther im nov. 1203 in Oestreich finden,
so ist sehr wahrscheinlich, dass er schon vorher ein-
mal am Thüringer hofe verweilt hat.[1]) Dass er mehr-
mals dort war, geht aus 75,84 klar hervor. Nach dem
ersten, vielleicht nur kurzen, chronologisch nicht ge-
nauer bestimmbaren aufenthalte scheint die schilderung
des hofes entworfen zu sein, die 68,49 gegeben wird.
Bei einem späteren aufenthalte bezeichnet sich der
dichter als *ingesinde* des landgrafen (75,81); das deutet
auf längeres verweilen. Nach Eisenach weisen noch
die spottgedichte auf Gerhard Atze (71,66. 72,1). Wal-
thers freundschaftliche beziehung zu Hermann zeigt
die fürbitte, die er im jahre 1212 für ihn bei Otto
einlegt (74,29).

Engere beziehungen hat Walther auch zu dem
schwiegersohne Hermanns, dem marggrafen Dietrich IV
von meissen (1195—1220) gehabt. Im interesse des-
selben wirkt er bei Otto IV nach dessen rückkehr aus
Italien (73,10). Vielleicht hatte er sich unmittelbar
vorher an Dietrichs hofe aufgehalten. Dieser bringt
ihm ein problematisches geschenk aus Franken (70^b,1),
vielleicht bei der rückkehr nach hause, wo er Walther
gelassen hatte; notwendig ist das aber nicht aus den
worten zu schliessen. Später beschwert sich Walther
über die undankbarkeit des Meissners 74,1—28. Auf
aufenthalt in Meissen deutet die erwähnung des klosters
Toberlû (55,21).

Die beziehung zu dem grafen von Katzenellen-
bogen (78,1. 9) setzt man gewöhnlich in die zeit nach
der belehnung Walthers, aber ohne zureichenden grund.
Die art, wie sich dieser um des grafen gunst bemüht,
weist eher auf eine zeit, wo er derselben noch recht
bedürftig war. Es ist daher auch nicht ganz sicher,
dass Diether II gemeint ist und nicht vielmehr etwa
sein vorgänger Diether I. Wann Walther den 77,1
erwähnten abstecher nach Tegernsee gemacht hat,

---

1) Vgl. Wackernell, Germania XXII, 280.

lässt sich nicht bestimmen. Die beziehung zu dem herzog Ludwig von Baiern, die man nach 70[b],3 angenommen hat, ist höchst problematisch.

Indem Walther das lehen von Friedrich erhielt, übernahm er damit wol, wenn auch nur stillschweigend, die verpflichtung fortan in dessen interesse tätig zu sein. Dazu war zunächst durch den beabsichtigten kreuzzug veranlassung gegeben. Friedrich hatte bei seiner krönung zu Aachen am 25. juli 1215 das kreuz genommen. Nach widerholtem aufschub des termins brach er im august 1220 nach Italien auf, zunächst zur kaiserkrönung, die am 22. nov. durch pabst Honorius vollzogen wurde. Der kreuzzug sollte sich ursprünglich gleich daran anschliessen, wurde aber weiterhin zu widerholten malen aufgeschoben. Wahrscheinlich kurz vorher, ehe Friedrich nach Italien aufbrach, ist str. 76,61 gedichtet gegen die gegner des königs, durch die ihm mannigfache hemmnisse in den weg gelegt wurden. Vielleicht wurde sie auf dem hoftage zu Frankfurt im April 1220 vorgetragen. Erst nach der kaiserkrönung sind 73,49 und 61 gedichtet. Wenigstens werden sie mit grösserer wahrscheinlichkeit auf Friedrich als auf Otto bezogen. Auch 78,17 ff. weist in die zeit des bevorstehenden kreuzzuges, ohne dass sich eine nähere bestimmung geben liesse.

Dass sich Walther während des kaisers abwesenheit in Italien eifrig um die politischen angelegenheiten kümmerte, kann wol aus 79,9 ff. gefolgert werden. Er pflegte danach die hoftage zu besuchen. Vom kaiser wird er geehrt durch übersendung eines geschenkes, welches allgemeinen neid erregt (79,1). In einem nahen verhältniss steht er zu erzbischof Engelbert von Köln, der von Friedrich vor seinem abgange als vormund seines sohnes Heinrich und leiter der regierung in Deutschland bestellt war.[1]) Die rücksichtslose ge-

---

1) A. Daffis in seiner schrift 'Zur lebensgeschichte Walthers von der Vogelweide (Berlin 1854)' hat die behauptung aufgestellt, dass Walther dem erzbischof als erzieher des jungen Heinrich beigegeben gewesen sei, vgl. anm. zu 84,1 ff. So viel beistimmung auch diese ansicht gefunden hat, so entbehrt sie doch jedes festen anhalts.

rechtigkeitspflege, durch welche derselbe die ordnung
aufrecht erhielt, zog ihm viele feinde zu. Diesen an-
feindungen gegenüber preist ihn Walther in str. 79,16.
Nach 79,25 ff. hat er von ihm einen schwierigen auf-
trag erhalten, dem er sich bei aller kunst, über die er
verfügt, nicht gewachsen fühlt. Worin derselbe be-
stand, ist nicht ersichtlich. Nach der ermordung
Engelberts durch seinen neffen Friedrich von Altena-
Isenburg und dessen helfershelfer (7. nov. 1225) widmet
ihm Walther einen nachruf mit starken verwünschungen
des mörders (79,33).

Die letzten datierbaren dichtungen Walthers be-
schäftigen sich wider mit dem kreuzzuge. Als Fried-
rich im jahre 1227 ernstliche anstalten zur sammlung
eines kreuzheeres macht, unterstützt er ihn. Er er-
mahnt den landgrafen Ludwig von Thüringen, der dem
kaiser das heer aus Deutschland zuführen sollte, zur
eile (79,41). Ludwig zog am 24. juni von Eisenach
aus und langte im juli bei dem kaiser an. Der bann,
den Gregorius IX am 29. sept. über Friedrich aus-
sprach, gab dem dichter von neuem gelegenheit im
interesse des letzteren gegen die kurie zu wirken. Er
ermahnt ihn den kreuzzug schleunigst auszuführen und
sich durch nichts irre machen zu lassen (79,57), fordert
die rache gottes heraus gegen die christlichen gegner
Friedrichs, die ihn jetzt hindern wollen dem heiligen
lande zu hülfe zu kommen (79,49), klagt wider wie
früher über das verderben, welches der weltliche besitz
über die kirche gebracht hat (79,65) und bedroht die
geistlichkeit mit angriffen auf das kirchengut (79,73).
Während in diesen gedichten mehr die politische partei-
nahme in den vordergrund tritt, zeigen andere die tiefe
religiöse erregung Walthers, die ihm den kreuzzug in
dieser periode zur wichtigsten herzensangelegenheit
machte. Die religiös-weltschmerzliche stimmung, die
auch in andern dichtungen Walthers aus seinen letzten
lebensjahren widerkehrt (vgl. die töne 91. 92. 93), er-
scheint in verbindung mit der kreuzzugsbegeisterung
in den liedern 80 und 81. Ein drittes lied (82) ist

direct zur anfeuerung der pilger gedichtet, ein viertes
(83) ist ausdruck der freude bei der ankunft im hei-
ligen lande.   Trotzdem hat Lachmann und andere nach
ihm nicht zugeben wollen, dass Walther an dem kreuz-
zuge teil genommen habe.   Sie halten also die in dem
letzten liede vorausgesetzte situation für eine fingierte.
So wenig aber eine solche fiction durchaus undenkbar
sein mag, so sind doch anderseits die gründe, die man
angibt, weshalb Walther den kreuzzug nicht mitgemacht
haben könne, nicht stichhaltig.   Er wird erst 1228 zu-
sammen mit dem kaiser die fahrt angetreten haben.
Bei dem heere, welches im sept. 1227 hinüber fuhr,
kann er sich nicht befunden haben, da er nach der
bannung Friedrichs noch in Deutschland weilte.

Dass Walther den kreuzzug nicht lange überlebt
hat, ist wahrscheinlich.   In eine spätere zeit weist keine
sichere spur mehr in seinen gedichten (vgl. zu 71,27.
85,1).   Nach angaben, die zwar der zeit seines todes
schon einigermassen fern stehen, aber doch ziemlich
glaubwürdig sind, ist er zu Würzburg im kreuzgang
des Neumünsters begraben.[1]   In dem sogenannten
manuale des Michael de Leone, welches im jahre 1354
in Würzburg zusammengestellt ist, findet sich folgende
notiz.

> De milite walthero. dicto von der vogelweide se-
> pulto in ambitu novimon. h⁵ b⁵. (wol *aufzulösen*
> monasterii herbipolensis) in suo epytafio sculpti erant
> isti versus subscripti.
> Pascua qui uolucrum . uiuus walthere fuisti.
> Qui flos eloquij . qui Palladis os. obiisti.
> Ergo quod aureolam probitas tua possit (*l.* poscit) habere.
> Qui legit . hic . dicat . deus istius miserere.

Die gleiche notiz mit unwesentlichen abweichungen
findet sich in der grossen sammelhandschrift des Michael
Leone, die um die nämliche zeit entstanden ist.   Die
selbe handschrift enthält auch eine deutsche notiz:

---

[1] Vgl. zum folgenden Oberthür, Die minne- und meistersänger aus
Franken s. 30. Reuss, Walther von der Vogelweide, eine biographische
skizze, Würzburg 1843. Pfeiffer, Germania V, 10. Jetzt besonders Zarncke,
Beitr. z. geschichte der deutschen spr. und lit. VII, 582.

Herr Walther von der vogelweide begraben ze Wirze-
burg. zu dem Nuwemunster in dem grasehove. Spätere
überlieferungen sind ganz sagenhafter natur. In Würz-
burg existierte im jahre 1323, wie urkundlich nach-
gewiesen ist, eine *curia dicta zu der Vogelwaide.* Aber
eine beziehung derselben zu unserem dichter ist nicht
erweislich.

2. Walthers stellung in der geschichte der deutschen lyrik.

Die deutsche kunstlyrik des 12. und 13. jahrh.
hat drei verschiedene ausgangspunkte. Drei verschie-
dene richtungen gehen zunächst selbständig neben ein-
ander her, jede durch einen besonderen stand ver-
treten. Die geistlichen versuchen sich in nachbildungen
der lateinischen hymnen und sequenzen. Die gewerbs-
mässigen sänger, die spielleute bilden eine wesentlich
lehrhafte lyrik aus. Moralische betrachtungen, vielfach
an volkstümliche sprüchwörter angelehnt, mitunter in
das gewand der fabel oder parabel eingekleidet, bilden
den hauptstoff ihrer dichtungen; daneben reflexionen
über ihre persönlichen verhältnisse und lob- und schelt-
lieder der grossen. Die ritter endlich bilden eine den
von Südfrankreich ausgegangenen eigentümlichen idealen
ihres standes entsprechende liebeslyrik aus. Sie lehnen
sich dabei in form und inhalt zunächst an die heimische
lyrik des volkes an, weiterhin aber an die kunstlyrik
der Provenzalen und Nordfranzosen. Von diesen ent-
lehnten sie wahrscheinlich auch die gattung des
kreuzliedes.

Als Walther zuerst auftrat, bestand noch ein schar-
fer gegensatz zwischen ritterlicher und spielmännischer
dichtung. Zu der verschiedenheit der stoffe waren all-
mählig auch bedeutende formale verschiedenheiten hin-
zugekommen. Ein charakteristischer unterschied be-
stand auch darin, dass für die didaktische lyrik der
spielleute die früher allgemein übliche einstrophigkeit
der gedichte festgehalten, für die minnelyrik der ritter

mehrstrophigkeit die regel geworden war. Simrock
hat für die beiden gattungen die bezeichnungen spruch
und lied eingeführt, wobei ihm einstrophigkeit als
wesentliches erkennungszeichen für den ersteren, mehr-
strophigkeit für das letztere gilt. Der bequemlichkeit
halber wollen wir uns auch dieser bezeichnungen be-
dienen, es muss aber bemerkt werden, dass sie will-
kürlich gewählt sind und nicht der terminologie der
dichter selbst entsprechen, bei denen vielmehr *liet* die
bedeutung strophe hat. Und ferner darf man sich
nicht zu der ansicht verleiten lassen, dass der spruch
im Simrockschen sinne nur gesprochen, nicht gesungen
sei. Auch die behauptung, dass der spruch im gegen-
satz zum liede ohne begleitung eines seiteninstrumentes
vorgetragen sei, ist aus der luft gegriffen.

Die stellung der ritterlichen dichter zum publikum
war eine ganz andere als die der spielleute. Der
minnesang wurde ursprünglich nicht berufsmässig und
für lohn ausgeübt. Die meisten minnesinger, auch die
des dreizehnten jahrhunderts waren dilettanten, zum
teil aus den vornehmsten kreisen. Doch war man
bereits vor Walther auch zu einer berufsmässigen aus-
übung übergegangen. Reinmar war in dieser wie in
anderen beziehungen der vorgänger Walthers. Es ist
sehr wahrscheinlich, dass er seine aufnahme an den
östreichischen hof seiner liederdichtung verdankte, also
gewissermassen dafür besoldet ward. Als folge einer
solchen stellung dürfen wir eine gewisse annäherung
an die poesie der spielleute betrachten. In die minne-
lieder mischen sich reflexionen über die allgemeinen
und des dichters persönliche angelegenheiten, jedoch
beschränkt auf die verhältnisse des höfischen gesell-
schaftskreises, der das publikum des dichters bildet,
und seine stellung zu demselben.

Die bedeutung Walthers beruht nun zu einem
guten teile eben darauf, dass er die kluft zwischen
ritterlicher und spielmännischer dichtung überbrückt
hat, indem er, ausgehend von dem standpunkte, auf
welchen Reinmar die erstere gestellt hatte, auch das

stoffgebiet und die formen der letzteren für sich er-
obert hat. Und da sich damit auch stoffe und formen
der geistlichen dichtung vereinigen, so fliessen in
Walther überhaupt alle früher getrennten richtungen
der kunstlyrik zusammen. Sie bleiben dabei auch
nicht unvermittelt in seiner person nebeneinander
stehen, sondern durchdringen sich gegenseitig. Dabei
verwischen sich auch die grenzlinien zwischen lied
und spruch.

Walthers liederdichtung hat sich zuerst wahrschein-
lich ziemlich eng an die höfische kunstweise Reinmars
angeschlossen.[1] Es ist das allerdings nicht die all-
gemein herrschende ansicht. Vielmehr begegnet man
gewöhnlich der entgegengesetzten, dass Walther von
einer volksmässigeren weise ausgegangen sei. Die ent-
scheidung über diese frage hängt zusammen mit der
über die frage nach den realen verhältnissen, die den
minneliedern Walthers zu grunde liegen. Den haupt-
anhaltspunkt dafür geben die lieder 12 und 16. Das
erstere, an ein mädchen niederen standes gerichtet,
preist die liebe, die keine rücksicht auf rang und
schönheit nimmt. Das letztere zeigt den dichter in
begriff sich einer vornehmen dame zu widmen. Hier
wird die niedere minne, der er früher gehuldigt, ver-
worfen und die hohe als das wahre ideal hingestellt.
Man hat danach versucht die gesammten minnelieder
Walthers auf diese beiden verhältnisse zu beziehen und
sie in zwei gruppen zu verteilen, eine ältere, lieder
der niederen, und eine jüngere, lieder der hohen
minne.[2] Andere lassen auf das zweite verhältniss
noch ein drittes folgen.[3] Uns scheint es ein vergeb-
liches beginnen die zahl der minneverhältnisse Walthers

---

[1] Diese ansicht wird vertreten von Burdach in seinem buche „Rein-
mar der alte und Walther von der Vogelweide (Leipzig 1880)." Die eigen-
tümliche art, wie der verf. den entwickelungsgang Walthers auffasst, ist
sehr beachtenswert, wenn dabei auch nicht selten über das ziel hinausge-
schossen ist. [2] Weiske, Weimarer jahrb. I, 357. Rieger, Leben
Walthers 57. Wackernagel und Rieger in ihrer ausgabe. [3] Wil-
manns, der einen östreichischen und einen thüringischen minnedienst un-
terscheidet; Simrock, der auf die hohe eine gemässe minne folgen lässt.

zu bestimmen oder gar die lieder unter die einzelnen
verhältnisse zu verteilen. Da Walther den minnesang
berufsmässig und bis in seine späten lebensjahre hinein
betrieb, so ist es überhaupt zweifelhaft, ob allen seinen
liedern reale verhältnisse zu grunde liegen. An der
tatsache, dass Walther einmal in seinem leben von der
niedern minne zur hohen überging, ist allerdings nicht
zu rütteln. Aber daraus folgt weder, dass das neue
verhältniss das letzte, noch dass das frühere verhält-
niss das erste gewesen ist, das Walther in seinen lie-
dern besungen hat. Es steht nichts im wege anzu-
nehmen, dass der niederen minne schon ein verhältniss
zu einer adligen dame vorangegangen ist, in das
Walther nach der herrschenden ritterlichen sitte, viel-
leicht ohne tiefere neigung, vielleicht nur um einen
gegenstand für seine poesie zu haben getreten sein
mag. Wir können diese annahme nicht gut entbehren,
weil es nach dem ganzen charakter der wenigen lieder
Walthers, die auf niedere minne deuten und ein volks-
tümlicheres gepräge tragen, nicht denkbar ist, dass
diese seine ersten versuche sein sollten.

Wir betrachten demnach diejenigen lieder Walthers
als die ältesten, welche sich am wenigsten von der
manier Reinmars entfernen. Der in der schule des
letzteren gewonnene grundcharakter bleibt zwar auch
den meisten späteren minneliedern, wird aber durch
anderweitige einflüsse und durch die eigene originale
schöpfungskraft wesentlich modificiert, und manches
tritt ganz aus dem rahmen der älteren ritterlichen
kunstdichtung heraus. Von höfischen dichtern, die
wesentlich anderer natur waren als Reinmar, haben
Heinrich von Morungen[1] und Wolfram von Eschen-
bach einigen einfluss auf ihn gehabt. Wie mit dem
letzteren am thüringischen hofe, so mag er vielleicht
mit dem ersteren am meissnischen in persönliche be-

---

1) Vgl. Werner im Anzeiger der Zschr. f. deutsches altert. VII, 125 ff.,
wo aber auch manches ungehörige beigebracht wird.

rührung gekommen sein. Einfluss der lyrik des volkes[1]) zeigt sich besonders in 13. 14. 40. 54. Bedeutender noch wird die wirkung gewesen sein, welche die beschäftigung mit der spruchdichtung, wie er sie in der schule der spielleute erlernt hatte, auf seinen minnegesang gehabt hat. Betrachtungen über die zustände in der höfischen gesellschaft drängen sich bei Walther viel mehr in den vordergrund als bei Reinmar.

In der spruchdichtung hat Walther das ganze bis dahin bearbeitete gebiet umspannt. Er hat insbesondere eine gattung, wozu vor ihm wahrscheinlich nur erst schwache ansätze gemacht waren, die politische dichtung in grossartigster und nach ihm nicht wider erreichter weise ausgebildet. Wir dürfen Walthers politische sprüche nicht als blosse äusserungen seiner privatmeinung betrachten. Sie haben vielmehr einen gewissen officiellen charakter, vertreten das interesse und den standpunkt eines fürsten oder einer politischen partei, sind vielleicht von daher ihrem inhalte nach geradezu eingegeben. Sie spielen in den politischen kämpfen der zeit eine ähnliche rolle wie heutzutage die leitartikel der parteizeitungen. Für die gewalt, mit der sie wirkten, gibt uns der ausspruch eines gegners das beste zeugniss, vgl. zu 75,51.

Des religiösen elementes hatten sich die spielleute nach dem muster der geistlichen schon vor Walther bemächtigt, die ritter wenigstens in der gattung der kreuzlieder. Indessen lässt sich wol behaupten, dass Walther neben Wolfram von Eschenbach epochemachend für die ausbreitung der religiösen dichtung unter dem laienstande geworden ist. Wir würden in seinen dichtungen nicht das universelle bild der mittelalterlichen anschauungen haben, wie es uns jetzt vorliegt, wenn nicht auch diese seite darin reichlich vertreten wäre. Während aber bei Wolfram religion und weltleben sich friedfertig mit einander vertragen, erscheint

---

1) Dieser einfluss wird besonders von Burdach betont und jedenfalls zu hoch angeschlagen.

bei Walther der gegensatz beider, wie er für mittelalterliches leben und mittelalterliche dichtung so charakteristisch ist, in seiner ganzen schroffheit. Sie liegen mehr nach als neben einander. Auf unbefangene, sorglose hingebung an die freude der welt folgt allmähige abkehrung unter erschütternden seelenkämpfen.[1]

Es kann hier nicht unsere aufgabe sein eine vollständige charakteristik von Walthers eigenart und den mitteln seiner darstellung zu entwerfen.[2] Ich hebe nur als besonders charakteristische momente hervor die neigung zum humor, die sinnliche kraft des ausdrucks, die vorliebe für personification und allegorie, die geistreiche zuspitzung der gedanken, die meisterhafte beherrschung der metrischen form.

Welche anerkennung Walther bei seinen zeitgenossen fand, zeigt eine stelle im Tristan Gottfrieds von Strassburg. Dieser kommt auf die minnesinger zu sprechen, die er als nachtigallen bezeichnet, und wirft die frage auf, wer ihre anführerin sein soll, seitdem die von Hagenau verstummt ist. Er fährt dann fort:

> wer leitet nu die lieben schar? (4794)
> wer wîset diz gesinde?
> ich wæne ich si wol vinde
> diu die baniere vüeren sol:
> ir meisterinne kan ez wol,
> diu von der Vogelweide.
> hei wie diu über heide
> mit hôher stimme schellet!
> waz wunders si gestellet!
> wie spæhe si organieret!
> wie si ir sanc wandelieret,
> ich meine ab in dem dône
> dâ her von Zitherône,
> dâ diu gotinne Minne
> gebiutet ûfe und inne.

---

[1] Kaum noch erwähnt zu werden braucht die annahme von W. Grimm, dass Walther auch der verfasser der unter dem namen Freidanks überlieferten Bescheidenheit sei. Vgl. dagegen Pfeiffer, Zur deutschen litteraturgeschichte s. 37 (widerabgedruckt in Freie forschung, s. 163).

[2] Die schrift von Wigand, Der stil Walthers von der Vogelweide (Marburg 1879) genügt leider nicht den an eine solche arbeit zu stellenden orderungen. Ueber mehrere punkte handelt Burdach, Reinmar und Walther.

> diu ist dâ ze hove kamerærîn.
> diu sol ir leitærinne sîn.
> diu wîset si ze wunsche wol.
> diu weiz wol wâ si suochen sol
> der minnen melodîe.

Walther wird hier also als der erste lebende sänger
hingestellt, wiewol ausschliesslich auf seinen minnesang
rücksicht genommen wird. Walthers schüler, Ulrich
von Singenberg hat ihm folgenden nachruf gewidmet:

> Uns ist unsers sanges meister an die vart,
> den man ê von der Vogelweide nande,
> Diu uns nâch im allen ist vil unerspart.
> nu waz frumt swaz er ê der welte erkande?
> Sîn hôher sin ist worden kranc.
> nu wünschen ime dur sînen werden hüveschen sanc,
> sît dem sîn früude sî ze wege,
> daz sîn der süeze vater nâch genâden pflege.

Mit andern verstorbenen dichtern zusammen wird er
gepriesen von dem Marner und von Reinmar von
Brennenberg, die ihn ausdrücklich als ihren meister
bezeichnen, von Rubin, Hermann dem Damen, Hugo
von Trimberg (*her Walther von der Vogelweide, swer
des vergæze, tæte mir leide*).[1]) Frauenlob nennt ihn
mit Reinmar und Wolfram. Er gehört nach der sage
zu den sängern, die am Wartburgkrieg teilnehmen.
Sein name lebt in der tradition der meistersinger fort.
Zahlreich sind die nachahmungen seiner gedichte und
entlehnungen aus denselben bei den lyrischen und
didaktischen dichtern des dreizehnten jahrhunderts.
Die von ihm hergestellte vermittlung zwischen ritter-
dichtung und spielmannsdichtung ist von bleibender
wirkung gewesen. Es folgt auf ihn eine anzahl ritter-
licher dichter, die sich mit spruchdichtung befassen
und eine noch grössere zahl bürgerlicher dichter, die
neben dem spruch den minnesang pflegen.

---

1) Vgl. v. d. Hagen, Minnesinger IV, 184 ff. 871 ff.

3. Die überlieferung und kritische behandlung der gedichte Walthers.

Die lieder Walthers[1]) sind wie die der übrigen minnesinger in der regel zuerst einzeln oder in kleinen gruppen von gleicher strophenform und melodie[2]) verbreitet, einerseits durch mündliche überlieferung, anderseits durch aufzeichnung auf einzelne blätter, die neben dem text auch die melodie zu enthalten pflegten. Es haben sich dann sammler gefunden, welche eine anzahl von liedern teils des gleichen, teils verschiedener verfasser in ein liederbuch vereinigten. Aus diesen liederbüchern endlich sind gegen ende des dreizehnten und im vierzehnten jahrhundert grössere sammlungen entstanden. Von diesen sind uns mehrere erhalten, während die einzelaufzeichnungen und die kleineren liederbücher verloren gegangen sind, und sind nun die hauptquellen für unsere kenntniss Walthers wie der übrigen minnesinger. Die drei wichtigsten sind die Heidelberger handschrift n. 357 (A nach Lachmanns bezeichnung), die Weingartener, jetzt Stuttgarter (B), die Pariser, früher fälschlich als die Manessische bezeichnet, die umfänglichste unter allen (C). In geringerem masse kommt in betracht die Weimarer handschrift (F) und in noch geringerem die Heidelberger n. 350 (D). Eine sehr reichhaltige zusammenstellung Waltherscher lieder enthält ferner eine grosse sammelhandschrift, die sich nicht bloss auf lieder beschränkt, nämlich die schon oben erwähnte Würzburger (jetzt Münchener) hs. des Michael Leone (E). Ausserdem sind eine anzahl lieder hie und da zerstreut überliefert. Ich verweise dafür auf das vollständige verzeichniss in Lachmanns ausgabe.

Bei solcher art der überlieferung musste die reinheit und vollständigkeit des textes erheblich leiden. Dass wir manchen verlust zu beklagen haben, macht

---

1) Vgl. zum folgenden Wilmanns Zschr. f. deutsches altertum XIII, 217.   2) Die mittelhochdeutsche bezeichnung dafür ist *dôn* oder *wise*.

schon der umstand wahrscheinlich, dass unter den
wenigen auf uns gekommenen citierungen Waltherscher
gedichte eine ein verlorenes lied trifft (Parz. 297,24,
vgl. oben s. 10). Unter den überlieferten liedern sind
mehrere fragmentarisch, vgl. namentlich 53,25. 41. 105.
Wenn Walther von manchen diensten spricht, die er
dem Meissner erwiesen habe (74,15), so wird man
daraus zu schliessen haben, dass er noch andere sprüche
in dessen interesse gedichtet hat als 73,1. Ferner aber
konnte manches von seinem eigentum auf fremden
namen und umgekehrt manches fremde auf den seinigen
übertragen werden. So gibt es eine nicht ganz kleine
zahl von strophen, um deren verfasserschaft sich nach
den verschiedenen überlieferungen mit dem namen
Walthers der eines andern dichters streitet. So der
name Reinmars: 102. 103, Hartmanns von Aue: 2,
Leutolds von Seven: 25. 28. 41, Ulrichs von Singen-
berg: 106,51. Weitere fälle der art sind von Lachmann
in der einleitung zu seiner ausgabe s. XI angegeben.
Andere strophen sind zwar nur unter Walthers namen,
aber auch nur in einer einzigen handschrift überliefert,
und auch bei diesen fehlt eine ausreichende äussere
beglaubigung für ihre echtheit. Trotz anwendung aller
hülfsmittel der kritik ist nicht immer eine sichere ent-
scheidung zu treffen, und es bleibt eine beträchtliche
masse von strophen, die mit voller bestimmtheit dem
dichter weder zu- noch abgesprochen werden können,
wenn auch die wahrscheinlichkeit der echtheit oder
unechtheit eine mannigfach abgestufte ist. Wie wir
uns in dieser hinsicht vielfach bescheiden müssen, so
sind wir auch nicht im stande den text durchgängig
von den mannigfachen verderbungen zu reinigen, denen
derselbe im laufe der zeit ausgesetzt gewesen ist, und
ihn in seiner ursprünglichen gestalt wider herzustellen.
Wo uns nicht wenigstens mehrere von einander unab-
hängige überlieferungen vorliegen, bewegen wir uns
auf einem sehr unsicheren boden. Besondere schwie-
rigkeiten macht es auch die ursprüngliche reihenfolge
der strophen herzustellen, indem die handschriften mit-

unter sehr von einander abweichen. [1]) Es hängt das
damit zusammen, dass der gedankenzusammenhang
zwischen den strophen oft nur ein loser ist, so dass
auch eine sichere entscheidung über zusammengehörig-
keit oder nichtzusammengehörigkeit nicht immer mög-
lich ist.

In der neuzeit ist von einigen früheren flüchtigen
erwähnungen abgesehen, Bodmer der erste gewesen,
der die gedichte Walthers wider aus der vergessenheit
hervorgezogen hat. In seinen 1748 erschienenen Pro-
ben der alten schwäbischen poesie wurden auch ge-
dichte Walthers mitgeteilt, und in seiner 1758/9 er-
schienenen Sammlung von minnesingern der ganze
inhalt der Pariser liederhandschrift. Nachdem dann
Gleim (1773. 9) und einige mitglieder des hainbundes,
später Tieck (1803) sich in der erneuerung mehrerer
lieder Walthers versucht hatten und Uhlands schrift
über ihn (1822) ein anschauliches bild geliefert hatte,
erschien im jahre 1827 die erste kritische ausgabe
von K. Lachmann, die grundlage für alle späteren
ausgaben und noch immer die einzige, die den voll-
ständigen kritischen apparat bietet. Die` zweite aus-
gabe (1843) hat im text wenige veränderungen erfahren,
mehr in den anmerkungen, namentlich zusätze. Die
dritte (1853) und vierte (1864), die von Haupt besorgt
sind, und die fünfte (1875), die von Müllenhoff besorgt
ist, lassen Lachmanns arbeit unangetastet, geben aber
einige wertvolle zusätze und berichtigungen. Ausserdem
sind bis jetzt folgende ausgaben erschienen: von
v. d. Hagen in seinen Minnesingern (Leipzig 1838)
I, 222 ff.; von Wackernagel und Rieger (Giessen 1862);
von Pfeiffer (Leipzig 1864, sechste auflage, besorgt von
Bartsch 1880) mit erläuterndem commentar für weitere
kreise; von Wilmanns (Halle 1869) mit commentar für
studierende; von Simrock (Bonn 1870) mit einleitenden
vorbemerkungen und einigen erläuterungen; von Bartsch
(Leipzig 1875), schulausgabe mit wörterbuch. Von

---

1) Darüber handelt Wilmanns, Zschr. f. d. a. XIII, 229.

auswahlen sind zu nennen Bartsch, Deutsche lieder-
dichter des zwölften bis vierzehnten jahrh., Leipzig
1864, zweite auflage, Stuttgart 1879, nr. XXI; Bech-
stein, Walthers von der Vogelweide und seiner schüler
ausgewählte gedichte, Stuttgart 1879. An Lachmanns
ausgabe schliesst sich an das Glossarium zu den ge-
dichten Walthers von der Vogelweide von Hornig, Qued-
linburg 1844. Eine vollständige übersetzung hat zuerst
Simrock geliefert, Berlin 1833, sechste ausgabe Leip-
zig 1876. Die erste auflage enthält wertvolle erläu-
terungen von Wackernagel, die später nicht wider
abgedruckt sind. Andere übersetzungen sind die von
Koch (1848), Weiske (1852), Pannier (1876); die jüngste
von Ad. Schroeter (Jena 1881) bietet manche gedichte,
namentlich minnelieder in ansprechenderer gestalt als
Simrock, verwischt aber in hohem grade die eigentüm-
lichkeit des originals, auch wo gar keine not dazu
vorhanden ist.

Von abhandlungen die sich mit kritik und erklä-
rung der gedichte Walthers beschäftigen, sind noch zu
erwähnen: Pfeiffer, Germania V, 21; Bartsch ib. VI,
187; Paul, Beiträge z. gesch. d. deutschen spr. II, 550;
Fasching, Germania XXII, 429. XXIII, 34 (zu den re-
ligiösen dichtungen). Man vgl. auch die recensionen
von Bartsch in den Jahrbüchern f. phil. und paed.,
zweite abteilung, jahrg. 1869, s. 407 und von Hilde-
brand, ib. 1870, s. 73. Auf anderes wird in den an-
merkungen verwiesen.

Eine orientierung über die ganze bereits ziemlich
beträchtliche literatur gibt die schrift von Leo, Die
gesammte literatur Walthers von der Vogelweide,
Wien 1880.

Es erübrigt noch die grundsätze darzulegen, die
bei der anordnung der gedichte in unserer ausgabe
befolgt sind. Ich habe wie die handschriften und die
bisherigen ausgaben die strophen des gleichen tones

bei einander gelassen. Dadurch ist eine consequente anordnung nach sachlichen gesichtspunkten von selbst ausgeschlossen. Doch ist eine solche soweit angestrebt, als sie nicht durch die ordnung nach tönen und durch die natur der gedichte selbst unmöglich gemacht wird. Ich habe zunächst die ganze masse unter zwei hauptabteilungen gebracht, welche den stoffen nach einigermassen dem früheren gegensatz zwischen ritterlicher und spielmännischer dichtung entsprechen. Die erste umfasst die minnelieder, die naturlieder und diejenigen lieder, die sich mit den verhältnissen der höfischen geselligkeit beschäftigen. Voran stehen die reinen minnelieder, und zwar kommen zuerst diejenigen, die ihrem charakter nach den Reinmarischen am nächsten verwandt sind, dann die auf niedere minne, dann die übrigen auf hohe minne bezüglichen. Es folgen dann diejenigen töne, in denen der minnesang mit reflexionen über die gesellschaftlichen verhältnisse untermischt ist; endlich diejenigen, die gar keine beziehung auf ein minneverhältniss enthalten. Die zweite hauptabteilung umfasst die gedichte, die sich mit moral, religion, politik und persönlichen angelegenheiten des dichters beschäftigen, sämmtliche sprüche im Simrockschen sinne, aber auch eine anzahl lieder und den leich. Hier stehen diejenigen töne voran, in denen sich strophen finden, die mit einiger sicherheit datierbar sind, und zwar in der reihenfolge, wie die vermutlich ältesten datierbaren strophen der einzelnen töne chronologisch auf einander folgen. Ebenso sind dann innerhalb jedes tones die datierbaren strophen vorangestellt, soweit wie möglich in chronologischer folge. Hoffentlich wird man diese weise der anordnung einigermassen rationell finden.

1 (L. 91,17).

Junger man, wis hôhes muotes
 durch diu reinen wol gemuoten wîp.
 Fröuwe dich lîbes unde guotes,
unde wirde dînen jungen lîp:
Ganzer fröude hâst dû niht,   5
sô man die werdekeit von wîbe an dir niht siht.
 Er hât rehter fröude kleine,
der sie von guoten wîben niht ennimt,
Offenbâre, stille und eine,
und als ez der mâze danne zimt.   10
Dar an gedenke, junger man,
und wirp nâch herzeliebe: dâ gewinnest an.
 Ob dus danne niht erwirbest,
dû muost doch iemer deste tiurre sîn.
Dazt an fröuden niht verdirbest,   15
daz kumt allez von der frouwen dîn.
Du wirst alsô wol gemuot,
daz dû den andern wol behagest, swie si dir tuot.
 Ist aber daz dir wol gelinget,
sô daz ein guot wîp dîn genâde hât,   20
Hei waz dir danne fröuden bringet,
sô si sunder wer vor dir gestât:
Halsen, triuten, bî gelegen.
von so réhter herzeliebe muost dû fröuden pflegen.
 Sich, nû hab ich dich gelêret   25
des ich selbe leider nie gepflac.

1,₁ ff. Die echtheit dieses und des folgenden liedes, die beide nur
in C überliefert sind, ist mehrfach angezweifelt. Doch wird ihr geringer
poetischer wert eher daraus zu erklären sein, dass sie zu den ersten ver-
suchen Walthers gehören.

Ungelücke mir verkêret
daz ein sælic man volenden mac.
Doch tuot mir der gedinge wol
und der wílle, den ich hân, deichz noch erwerben sol. 30

2 (L. 112,35).

Frouwẹ, vernemt durch got mir ditze mære:
ich bin ein bote und sol iu sagen,
Ir sült wenden einem ritter swære,
die er lange hât getragen.
daz sol ich iu künden sô: 5
ob ir in welt fröuden rîchen,
sicherlîchen
des wirt manic herze frô.
    Frouwe, enlât iuch des sô niht verdriezen,
ir engebt im hôhen muot.   10
Des mügt ir und allẹ die wol geniezen,
den ouch fröude sanfte tuot.
Dâ von wirt sîn sin bereit,
ob ir in ze fröuden bringet,
daz er singet   15
iuwer êre und werdekeit.
    Frouwe, sendet im ein hôhgemüete,
sît an iu sîn fröude stât.
Er mac wol geniezen iuwer güete,
sît diu tugent und êre hât.   20
Frouwe, gebt im hôhen muot.
welt ir, sîn trûren ist verkêret,
daz ez in lêret
daz er daz beste gerne tuot.
    'Jâ möhte ich michs an in niht wol gelâzen,   25
daz er wol behuote sich.
Krumbe wege die gênt bî allen strâzen:
dâ vor, got, behüete mich.
Ich wil nâch dem rehten varn,
ze leide im der mich anders lêre.   30
swar ich kêre,
dâ müeze mich doch got bewarn.'

3 (1—16 = MF 214,₃₄. 17—32 = L. s. 217. 33—40 = L. 120,₁₆).

Dir hât enboten, frouwe guot,
sîn dienest der dir es wol gan,
Ein ritter der vil gerne tuot
daz beste daz sîn herze kan.
Der wil durch dînen willen disen sumer sîn   5
vil hôhes muotes verre ûf die genâde dîn.
daz solt dû minneclîche enpfân,   daz ich mit guoten
sô bin ich willekomen dar.   [mæren var:
    'Dû solt im, bote, mîn dienest sagen:
swaz ime ze liebe müge geschehen,   10
Daz möhte niemen baz behagen,
der in sô selten habe gesehen.
Und bite in daz er wende sînen stolzen lîp
dâ man im lône: ich bin im ein vil vremedez wîp
zenpfâune sus getâne rede.   swes er ouch anders
                               denne gert,   15
daz tuon ich, wan des ist er wert.'

Mîn êrste rede dies ie vernam,
die enpfienc si deiz mich dûhte guot,
Unz si mich nâhen zir gewan:
zehant bestuonts ein ander muot.   20
Swie gerne ich wolte, ich enmac von ir niht komen:
diu grôze liebe hât sô vaste zuo genomen,
daz si mich niht enlæzet frî: ich muoz ir eigen iemer
nu enruoche, êst doch der wille mîn.   [sîn.

Swer giht daz minne sünde sî,   25
der sol sich ê bedenken wol.
Ir wont vil manic êre bî,
der man durch reht geniezen sol,
Und volget michel stæte und dar zuo sælikeit.
daz iemer iemen missetuot, daz ist ir leit.   30

3,₁ ff. Die fünf strophen dieses tones sind in E unter Walthers na-
men überliefert, die vierte auch in s, die fünfte auch in C. Die drei ersten
stehen in AC unter Hartmann von Aue. Ueber die gründe für Walthers
autorschaft vgl. Beiträge II, 173. Auf 3,₂₅ bezieht sich 47,₂₁.

die valschen minne meine ich niht;   diu möhte unminne
heizen baz.

der wil ich iemer sîn gehaz.

Sît deich ir eigenlîchen sol,
die wîle ich lebe, sîn undertân,
Und si mir mac gebüezen wol   35
den kumber den ich durch sie hân
geliten nû lange und iemer alsô lîden muoz,
daz mich enmac getrœsten nieman, si entuoz,
sô sol si nemen den dienest mîn,   und bewar dar
under mich,
dazs an mír ouch niht versûme sich.   40

4 (L. 113,₃₁).

'Mir tuot einer slahte wille
sanfte, und ist mir doch dar under wê:
Ich minne einen ritter stille;
dem enmag ich niht versagen mê
Des er mich gebeten hât: 5
tuon ichs niht, mich dunket daz mîn niemer werde rât.
   Dicke dunke ich mich sô stæte
mînes willen: sô mir daz geschiht,
Swie vil er mich denne bæte,
al die wîle sô enhülfe ez niht.   10
Ieze hân ich den gedanc:
waz hilfet daz? der muot ist kûme eines tages lanc.
   Wil er mich vermîden mêre,
sô versuochet er mich alze vil.
Ouwê des fürht ich vil sêre,   15
daz ich muoz verjehen swes er wil.
Gerne het ichz nû getân,
wan deichz im muoz versagen und wîbes êre sol begân.
   In getar vor tûsent sorgen,
die mich twingent in dem herzen mîn   20
Beide den âbent und den morgen,
leider niht getuon des willen sîn.
Daz ichz iemer einen tac
sol fristen, dêst ein klage diu mir ie bî dem herzen lac.

Sît daz im die besten jâhen   25
daz er alsô schône künne leben,
Sô hâu ich ouch im vil nâhen
eine stat in mîme herzen geben,
Dâ noch nieman in getrat.
sie hânt daz spil verlorn, er eiue tuot in allen mat.'

5 (L. 71,35).

Mich hât ein wünneclîcher wân
und ouch ein lieber friundes trôst
in senelîchen kumber brâht:
Sol der mit fröude an mir zergân,
so enwirde ichs anders niht erlôst,   5
ezn kome als ich mirz hân gedâht
Umb ir vil minneclîchen lîp,
diu mir enfremedet alliu wîp,
wan deichs álle durch sie êren muoz.
jo enger ich anders lônes niht   von ir dekeïner, wan
   'Mit valschelôser güete lebt   [ir gruoz. 10
ein man der mir wol iemer mac
gebieten swaz er .. wil.
Sîn stæte mir mit fröude gebt,
wan ich sîn vil schône enpflac: 15
daz kumt von grôzer liebe vil.
Mir ist an ime, des muoz ich jehen,
ein schœnez wîbes heil geschehen.
diu sælde wirt uns beiden schîn.
sîn tugent hât ime die besten stat   erworben in dem
                                herzen mîn.' 20

   Die mîne fröude hât ein wîp
gemachet stæte und endelôs
von schulden al die wîle ich lebe.
Genâde suoche ich an ir lîp:
enpfâhe ich wünneclîchen trôst,   25
der mac wol heizen friundes gebe.
Ein mannes heil mir dâ geschach,
dâ si mit rehten triuwen sprach,
ich mũese ir herzen nâhe sîn.
nu endarf es nieman wunder nemen,   ob âne sorge lebet
                                daz mîn. 30

6 (L. 95,₁₇).

Waz ich doch gegen der schœnen zît
gedinges unde wânes hân verlorn!
Swaz kumbers an dem winter lît,
den wânde ich ie des sumers hân verborn.
Sus sazte ich allez bezzerunge für: 5
swie vil ich trôstes ie verlür,
sô hât ich doch ze fröuden wân.
dar under misselanc mir ie:
in vant sô stæte fröude nie,
sin wolte mich ê ich sie lân.   10

  Muoz ich nû sîn nâch wâne frô,
son heize ich niht ze rehte ein sælic man.
Dem ez sîn sælde füeget sô,
daz im sîn herzeliep wol guotes gan,
Hât ouch der selbe fröuderîchen sin,   15
des ich nû leider âne bin,
son spotte er niht dar umbe mîn,
ob im sîn liep iht liebes tuot:
ich wære ouch gerne hôhgemuot,
möht ez mit liebes hulden sîn.   20

  Er sælic man, si sælic wîp,
der herze ein ander sint mit triuwen bî!
Ich wil daz daz ir beider lîp
getiuret und in hôher wirde sî.
Vil sælic sîn ir jâr und al ir zît!   25
er ist ouch sælic sunder strît,
der nimt ir tugende rehte war,
sô daz ez in sîn herze gêt.
ein sælic wîp, diu sich verstêt,
diu sende ouch guoten willen dar.   30

  Sich wænet maneger wol begên
sô daz er guoten wîben niht enlebe:
Der tôre kan sich niht verstên
waz ez fröude und ganzer wirde gebe.
Dem lîhtgemuoten dem ist iemer wol   35
mit lîhten dingen, als ez sol;

swer wirde und fröude erwerben wil,
der diene guotes wîbes gruoz.
swen si mit willen grüezen muoz,
der hât mit fröuden wirde vil.   40

Jâ herre, wes gedenket der
dem ungedienet ie vil wol gelanc?
Ez sî ein si, ez sî ein er,
swer alsô minnen kan, der habe undanc,
Und dâ bî guoten dienest übersiht.   45
ein sælic wîp diu tuot des niht;
diu merket guotes mannes site;
dâ scheidet si die bœsen von.
sô ist ein tumbiu sô gewon
daz ir ein tumber volget mite.   50

7 (L. 96,29).

Stæte ist ein angest und ein nôt;
in weiz niht ob si êre si:
si gît michel ungemach.
Sît daz diu liebe mir gebôt
daz ich stæte wære bî,   5
waz mir leides sît geschach!
lât mich ledic, liebe mîn frô Stæte.
wan ob ich sis iemer bæte,
sô ist si stæter vil dann ich.
ich muoz von mîner stæte sîn verlorn,   diu liebe
                    en underwinde ir sich.   10

   Wer sol dem des wizzen danc,
dem von stæte liep geschiht,
nimt der stæte gerne war?
Dem an stæte nie gelanc,
ob man den in stæte siht,   15
seht, des stæte ist lûter gar.
Alsô habe ich stæte her gerungen:
nochn ist mir leider niht gelungen.
daz wende, sælic frouwe mîn,
daz ich der valschen ungetriuwen spot   von mîner
                    stæte iht müeze sîn.   20

Het ich niht mîner fröuden teil
an dich, herzeliep, geleit,
sô möht es wol werden rât.
Sît nû mîn fröude und al mîn heil,
dar zuo al mîn werdekeit   25
niht wan an dir einer stât,
Solt ich dan mîn herze von dir scheiden,
sô müest ich mir selben leiden:
daz wære mir niht guot getân.
doch solt dû gedenken, sælic wîp,   daz ich nû lange
                                   kumber hân.   30
    Frouwe, ich weiz wol dînen muot:
daz dû gerne stæte bist,
daz hab ich befunden wol.
Jâ hât dich vil wol behuot
der vil reine wîbes list   35
der guotiu wîp behüeten sol.
Alsus fröut mich dîn sælde und ouch dîn êre,
und enhân niht fröude mêre.
nû sprich, bin ich dar an gewert?
dû solt mich, frouwe, des geniezen lân,   daz ich sô
                                  rehte hân gegert.   40

8 (L. 13,33).

Maneger frâget waz ich klage,
unde giht des einen daz ez niht von herzen gê.
Der verliuset sîne tage:
wand im wart von rehter liebe nie weder wol noch wê:
Des ist sîn geloube kranc.   5
swer gedæhte   waz diu minne bræhte,
der vertrüege mînen sanc.
    Minne ist ein gemeinez wort,
und doch ungemeine mit den werken: dêst alsô.
Minne ist aller tugende ein hort: 10
âne minne wirdet niemer herze rehte frô.
Sît ich den gelouben hân,
frouwe Minne,   fröut ouch mir die sinne.
mich müet, sol mîn trôst zergân.

Mîn gedinge ist, der ich bin   15
holt mit rehten triuwen, dazs ouch mir daz selbe sî.
Triuget dar an mich mîn sin,
sô ist mînem wâne leider lützel fröuden bî.
Neinâ herre! sist sô guot,
swenne ir güete   erkennet mîn gemüete,   20
daz si mir daz beste tuot.
    Wiste si den willen mîn,
liebes unde guotes des würd ich von ir gewert.
Wie möht aber daz nû sîn?
sît man valscher minne mit sô süezen worten gert,   25
Daz ein wîp niht wizzen mac
wer si meine.   disiu nôt alleine
tuot mir manegen swæren tac.
    Der diu wîp alrêrst betrouc,
der hât beide an mannen und an wîben missevarn.   30
In weiz waz diu liebe touc,
sît sich friunt gein friunde niht vor valsche kan bewarn.
Frouwe, daz ir sælic sît!
lât mit hulden   mich den gruoz verschulden,
der an friundes herzen lît.   35

9 (L. 120,₂₅).

Weder ist ez übel, od ist ez guot,
daz ich mîn leit verhelen kan?
Man siht mich dicke wol gemuot:
sô trûret manic ander man,
Der mînen schaden halben nie gewan: 5
sô gebâre ich dem gelîche
als ich sî .. fröudenrîche.
nû müeze ez got gefüegen sô
daz ich noch von wâren schulden werde frô.
    Wie kumet daz ich sô manegem man   10
von sîner nôt geholfen hân,
Und ich mich selben niht enkan
getrœsten, mich entriege ein wân?
Ich minne ein wîp, diust guot und wol getân:
diu lât mich aller rede beginnen,   15
ich kan ab endes niht gewinnen.

dar umbe wære ich nû verzaget,
wan dazs ein wênic lachet sô si mir versaget.
  Si sehe dazs innen sich bewar
(si schînet ûzen fröudenrîch),   20
Dazs an den siten iht irre var:
sô wart nie wîp sô minneclîch:
Sost eht ir lop vil frouwen lobes entwîch;
ist nâch ir wirde gefurrieret
diu schœne diu sie ûzen zieret,   25
kan ich ir denne gedienen iht,
des wirt bî solhen êren ungelônet niht.
  Swie noch mîn fröude an zwîvel stât,
den mir diu guote mac vil wol
Gebüezen, ob sis willen hât,   30
son ruoche eht waz ich kumbers dol.
Si frâget des mich nieman frâgen sol,
wie lange ich welle an ir belîben:
sist iemer mêr vor allen wîben
ein wernder trôst ze fröuden mir.   35
nû müeze mir geschehen als ich geloube an ir.
  Genuoge kunnen deste baz
gereden daz sie bî liebe sint:
Swie dicke ich ir noch bî gesaz,
sô wesse ich minner danne ein kint;   40
Ich wart an allen mînen sinnen blint.
des wær ich anderswâ betœret:
si ist ein wîp diu niht gehœret,
und guoten willen kan ersehen.
den hân ich, sô mir iemer müeze liep geschehen. 45

10 (L. 115,₆).

Herre got, gesegene mich vor sorgen,
daz ich vil wünneclîche lebe!
Wil mir ieman sîne fröude borgen,
daz i'm ein ander wider gebe?
Die vind ich vil schiere ich weiz wol wâ;   5
wan ich liez ir wunder dâ;
der ich vil wol mit sinnen
getrûwe ein teil gewinnen.

Al mîn fröude lît an einem wîbe:
der herze ist ganzer tugende vol,   10
Und ist sô geschaffen an ir lîbe
daz man ir gerne dienen sol.
Ich erwirbe ein lachen wol von ir.
des muoz si gestaten mir.
wie mac siz behüeten?   15
ich fröuwę mich nâch ir güeten.
   Als ich under wîlen zir gesitze,
sô si mich mit ir reden lât,
Sô benimt si mir sô gar die witze,
daz mir der lîp alumbe gât.   20
Swenne ich iezuo wunder rede kan,
gesihet si mich einest an,
sô hân ichs vergezzen.
Waz wolde ich dar gesezzen?

11 (L. 100,3).

Ich gesprach nie wol von guoten wîben,
was mir leit, ichn würde frô.
Sende sorge kunde ich nie vertrîben
minneclîcher danne alsô.
Wol mich, daz ich in hôhen muot   5
mit mînem lobe gemachen kan,   und mir daz sanfte tuot!
   Ouwê wolte ein sælic wîp alleine,
sô getrûrte ich niemer tac,
Der ich diene, und hilfet mich vil kleine
swaz ich sie geloben mac.   10
Daz ist ir liep und tuot ir wol:
wan si vergizzet iemer mîn,   sô man mir danken sol.
   Frömdiu wîp diu dankent mir vil schône.
dazs iemer sælic müezen sîn!
Daz ist wider mîner frouwen lône   15
mir ein kleinez denkelîn.
Si habe den willen den si habe,
mîn wille ist guot, und klage diu werc,   gêt mir
                              an den iht abe.

12 (L. 49,₂₅).

Herzeliebez frouwelîn,
got gebe dir hiute und iemer guot.
Künde ich baz gedenken dîn,
des hete ich willeclîchen muot.
Waz sol ich dir sagen mê,   5
wan daz dir nieman holder ist dann ich? dâ von ist
                                       mir vil wê.

Sie verwîzent mir daz ich
sô nider wende mînen sanc.
Daz sie niht versinnent sich
waz liebe sî, des haben undanc!   10
Sie getraf diu liebe nie.
die nâch dem guote und nâch der schœne minnent, wê
                                       wie minnent die?

Bî der schœne ist dicke haz:
zer schœne niemen sî ze gâch.
Liebe tuot dem herzen baz: 15
der liebe gêt diu schœne nâch.
Liebe machet schœne wîp:
desn mac diu. schœne niht getuon, sin machet niemer
                                       lieben lîp.

Ich vertrage als ich vertruoc
und als ich iemer wil vertragen.   20
Dû bist schœne und hâst genuoc:
waz mügen sie mir dâ von gesagen?
Swaz sie sagen, ich bin dir holt,
und næmę dîn glesîn vingerlîn für einer küneginne golt.

Hâst dû triuwe und stætekeit,   25
sô bin ich des ân angest gar
daz mir iemer herzeleit
mit dînem willen widervar.
Hâst ab dû der zweier niht,
son müezest dû mir niemer werden. ouwê danne, ob
                                       daz geschiht! 30

13 (L. 74,₂₀).

'Nemt, frouwe, disen kranz:'
alsô sprach ich zeiner wol getânen maget:

'Sô zieret ir den tanz
mit den schœnen bluomen, als irs ûffe traget.
Het ich vil edele gesteine,   5
daz mües ûf iuwer houbet,
obe ir mirs geloubet.
sêt mîne triuwe, daz ichz meine.

  [Frouwe,] ir sît sô wol getân,
daz ich iu mîn schapel gerne geben wil,   10
So ichz aller beste hân.
wîzer unde rôter bluomen weiz ich vil;
Die stênt niht verre in jener heide,
dâ sie schône entspringent
und diu vogelîn singent: 15
dâ sule wir sie brechen beide.'

  Si nam daz ich ir bôt,
einem kinde vil gelîch daz êre hât.
Ir wangen wurden rôt,
same diu rôse, dâ si bî der liljen stât.   20
Do erschampten sich ir liehten ougen:
doch .neic si mir vil schône.
daz wart mir ze lône:
wart mirs iht mêr, daz trage ich tougen.

  Mich dûhte daz mir nie   25
lieber würde, danne mir ze muote was.
Die bluomen vielen ie
von den boumen bî uns nider an daz gras.
seht, dô muost ich von fröuden lachen.
do ich sô wünneclîche   30
was in troume rîche,
dô tagete ez und muose ich wachen.

  Mir ist von ir geschehen,
daz ich disen sumer allen meiden muoz
Vast under dougen sehen: 35
lîhte wirt mir mîniu: so ist mir sorgen buoz.
Waz obe si gêt an disem tanze?
frouwe, durch iuwer güete
rucket ûf die hüete.
ouwê gesæhe ichs under kranze!   40

14 (L. 39,₁₁).

'U´ndèr der linden
an der heide,
dâ unser zweier bette was,
Dâ´ múget ir vinden
schône beide   5
gebrochen bluomen unde gras.
Vor dem walde in einem tal,
tandaradei,
     schône sanc diu nahtegal.
   I´ch kám gegangen   10
zuo der ouwe:
dô was mîn friedel komen ê.
Dâ´ wart ích enpfangen,
hêre frouwe,
daz ich bin sælic iemer mê.   15
Kuster mich? wol tûsentstunt:
tandaradei,
     seht wie rôt mir ist der munt.
   Dô het er gemachet
alsô rîche   20
von bluomen eine bettestat.
Des wirt noch gelachet
inneclîche,
kumt iemen an daz selbe pfat.
Bî den rôsen er wol mac,   25
tandaradei,
     merken wâ mirz houbet lac.
   Daz er bî mir læge,
wessez iemen
(nu enwelle got!), sô schamt ich mich.   30
Wes er mit mir pflæge,
niemer niemen
bevinde daz, wan er und ich,
Und ein kleinez vogellîn:
tandaradei,   35
     daz mac wol getriuwe sîn.'

14,₁ ff. Vgl. Schade, Wissenschaftl. monatsbl. III, 107.

15 (L. 45,37).

Sô die bluomen ûz dem grase dringent,
same si lachen gegen der spilden sunnen,
in einem meien an dem morgen fruo,
Und diu kleinen vogellîn wol singent
in ir besten wîse die si kunnen,   5
waz wünne mac sich dâ genôzen zuo?
Ez ist wol halb ein himelrîche.
suln wir sprechen waz sich deme gelîche,
sô sage ich waz mir dicke baz
in mînen ougen hât getân,   und tæte ouch noch,
                          gesæhe ich daz. 10
  Swâ ein edeliu frouwe schœne reine,
wol gekleidet unde wol gebunden,
durch kurzewîle zuo vil liuten gât,
Hovelîchen hôhgemuot, niht eine,
umbe sehende ein wênic under stunden,   15
alsam der sunne gegen den sternen stât, —
Der meie bringe uns al sîn wunder,
waz ist dâ sô wünneclîches under,
als ir vil minneclîcher lîp?
wir lâzen alle bluomen stân,   und kapfen an daz
                          werde wîp. 20
  Nû wol dan, welt ir die wârheit schouwen!
gên wir zuo des meien hôhgezîte!
der ist mit aller sîner krefte komen.
Seht an in und seht an werde frouwen,
wederz ir daz ander überstrîte;   25
daz bezzer spil, ob ich daz hân genomen.
Ouwê der mich dâ welen hieze,
deich daz eine durch daz ander lieze,
wie rehte schiere ich danne kür!
her Meie, ir müeset merze sîn,   ê ich mîn frouwen
                          dâ verlür. 30

16 (L. 46,32).

Aller werdekeit ein füegerinne,
daz sît ir zewâre, frouwe Mâze.
er sælic man, der iuwer lêre hât!

Der endarf sich iuwer niender inne
weder ze hove schamen noch an der strâze.   5
durch daz sô suoche ich, frouwe, iuwern rât,
Daz ir mich ebene werben lêret.
wirbe ich nidere, wirbe ich hôhe, ich bin versêret.
ich was vil nâch ze nidere tôt,
nû bin ich aber ze hôhe siech: unmâze enlât mich
                              âne nôt. 10
      Nideriu minne heizet diu sô swachet
daz der lîp nâch kranker liebe ringet:
diu minne tuot unlobelîche wê.
Hôhiu minne heizet diu daz machet
daz der muot nâch werder liebe ûf swinget: 15
diu winket mir nû, daz ich mit ir gê.
Nun weiz ich wes diu Mâze beitet.
kumet diu herzeliebe, sô bin ich verleitet:
mîn ougen hânt ein wîp ersehen,
swie minneclîch ir rede sî,   mir mac wol schade von
                              ir geschehen. 20

17 (L. 109,₁).

Ganzer fröuden wart mir nie sô wol ze muote:
mirst geboten, daz ich singen muoz.
Sælic sî diu mir daz wol verstê ze guote!
mich mant singen ir vil werder gruoz.
Diu mîn iemer hât gewalt,   5
diu mac mir wol trûren wenden
unde senden   fröude manicvalt.
   Gît daz got daz mir noch wol an ir gelinget,
seht, sô wære ich iemer mêre frô,
Diu mir beide herze und lîp ze fröuden twinget.   10
mich betwanc nie mê kein wîp alsô.
Ez was mir gar unbekant
daz diu Minne twingen solde
swie si wolde,   unz ichz an ir bevant.

16,₁ ff. Dieser ton unterscheidet sich von dem vorhergehenden nur
in der drittletzten zeile.

Süeze Minne, sît nâch dîner süezen lêre   15
mich ein wîp alsô betwungen hât,
Bite sie dazs ir wîplîch güete gegen mir kêre:
sô mac mîner sorge werden rât.
Durch ir liehten ougen schîn
wart ich alsô wol enpfangen,   20
gar zergangen   was daz trûren mîn.

Mich fröut iemer daz ich alsô guotem wîbe
dienen sol ûf minneclîchen danc.
Mit dem trôste ich dicke trûren mir vertrîbe,
unde wirt mîn ungemüete kranc.   25
Endet sich mîn ungemach,
sô weiz ich von wârheit danne
daz nie manne   an liebe baz geschah.

Minne, wunder kan dîn güete liebe machen,
und dîn twingen swenden fröuden vil.   30
Wan dû lêrest leide ûz spilnden ougen lachen,
swâ dû mêren wilt dîn wunderspil:
Dû kanst fröudenrîchen muot
sô verworrenlîchę verkêren,
daz dîn sêren   sanfte unsanfte tuot.   35

18 (L. 110,₁₃).

Wol mich der stunde, daz ich sie erkande,
diu mir den lîp und den muot hât betwungen,
Sît deich die sinne sô gar an sie wande,
des si mich hât mit ir güete verdrungen.
Daz ich gescheiden von ir niht enkan,   5
daz hât ir schœne und ir güete gemachet,
und ir rôter munt, der sô lieplîchen lachet.

Ich hân den muot und die sinne gewendet
an die reinen, die lieben, die guoten.
Daz müez uns beiden wol werden volendet,   10
swes ich getar an ir hulde gemuoten.
Swaz ich fröuden zer werlde ie gewan,
daz hât ir schœne und ir güete gemachet,
und ir rôter munt, der sô lieplîchen lachet.

19 (L. 118,24).

Ich bin nû sô rehte frô,
daz ich vil schiere wunder tuon beginne.
Lîhte ez sich gefüeget sô
daz ich erwirbe mîner frouwen minne.
Seht sô stîgent mir die sinne 5
hôher dannę der sunnen schîn. genâde, ein küniginne!

Ich ensach die guoten nie
sô dicke, daz ich daz .. verbære,
Mirne spilten dougen ie.
der kalte winter was mir gar unmære. 10
Ander liute dûhte er swære:
mir was die wîle als ez enmitten in dem meien wære.

Disen wünneclîchen sanc
hân ich gesungen mîner frouwen zę êren.
Des sol si mir wizzen danc: 15
durch sie sô wil ich iemer fröude mêren.
Wol mac si mîn herze sêren:
waz danne, ob si mir leide tuot? si mag ez wol verkêren.

Daz enkünde nieman mir
gerâten daz ich schiede von dem wâne. 20
Kêrt ich mînen muot von ir,
wâ fünde ich denne ein alsô wol getâne,
Diu sô wære valsches âne?
sist schœnęr und baz gelobet denne Elêne und Dijâne.

20 (L. 92,9).

Ein niuwer sumer, ein niuwe zit,
ein guot gedinge, ein lieber wân,
diu liebent mir en widerstrît,
daz ich noch trôst ze fröuden hân.
Noch fröuwet mich ein anderz baz 5
dan aller vogellîne sanc:
swâ man noch wîbes güete maz,
dâ wart ir ie der habedanc.
Daz meine ich an die frouwen mîn:
dâ muoz noch mêre trôstes sîn. 10

sist schœner danne ein schœne wîp:
die schœne machet lieber lîp.

Ich weiz wol daz diu liebe mac
ein schœne wîp gemachen wol:
iedoch swelch wîp ie tugende pflac,   15
daz ist diu der man wünschen sol.
Diu liebe stêt der schœne bî
baz dannę gesteinę dem golde tuot:
nû jehet waz danne bezzer sî,
hânt dise beide rehten muot.   20
Sie hœhent mannes werdekeit:
swer ouch die süezen arebeit
durch sie ze rehte kan getragen,
der mac von herzeliebe sagen.

Der blic gefröut ein herze gar,   25
den minneclîche ein wîp an siht:
wie welt ir danne daz der var,
dem ander liep von in geschiht?
Der ist eht maneger fröuden rîch,
sô jenes fröude gar zergât.   30
waz ist den fröuden ouch gelîch,
dâ liebez herze in triuwen stât,
Iu schœne, in kiusche, in reinen siten?
swelch sælic man daz hât erstriten,
ob er daz vor den frömden lobet,   35
sô wizzet daz er niht entobet.

Waz sol ein man der niht engert
gewerbes umb ein reine wîp?
si lâze in iemer ungewert,
ez tiuret doch wol sînen lîp.   40
Er tuo durch einer willen sô
daz er den andern wol behage:
sô tuot in ouch diu eine frô,
ob im diu ander gar versage.
Dar an gedenke ein sælic man: 45
dâ lit vil sælde und êren an.
swer guotes wîbes minne hât,
der schamt sich aller missetât.

21 (L. 93,20).

Waz hât diu werlt ze gebenne
liebers danne ein wîp,
daz ein sende herze baz gefröuwen müge?
Waz stiuret baz ze lebenne
danne ir werder lîp?   5
ich enweiz niht daz ze fröuden hôher tüge,
Denne swâ ein wîp von herzen meinet
den der ir wol lebt ze lobe.
dâ ist ganzer trôst mit fröuden underleinet:
disen dingen hât diu werlt niht dinges obe.   10

  Mîn frouwe ist zwir beslozzen,
der ich liebe trage,
dort verklûset, hie verhêret dâ ich bin.
Des einen hât verdrozzen
mich nû manege tage: 15
sô gît mir daz ander senelîchen sin.
Solt ich pflegen der zweier slüzzel huote,
dort ir lîbes, hie ir tugent,
disiu wirtschaft næme mich ûz sendem muote,
und næm iemer von ir schœne niuwe jugent.   20

  Wænet huote scheiden
von der lieben mich,
die ich mit stæten triuwen her gemeinet hân?
Solhe liebe leiden,
des verzîhe sich: 25
ich diene iemer ûf den minneclîchen wân.
Mac diu huote mich ir lîbes pfenden,
dâ habe ich ein trœsten bî:
sin kan niemer von ir liebe mich gewenden.
twinget si daz eine, so ist daz ander frî.   30

22 (L. 112,17).

Ir vil minneclîchen ougenblicke
rüerent mich alhie, swann ich sie sihe,
In mîn herze. ouwê sold ich sie dicke
sehen, der ich mich für eigen gihe!

Eigenlîchen diene ich ir: 5
daz sol si vil wol gelouben mir.
   Ich trage in mînem herzen eine swære
von ir der ich lâzen niht enmac,
Bî der ich vil gerne tougen wære
beide naht und ouch den liehten tac.   10
Des enmac nû niht gesîn,
ez enwellę diu liebe frouwe mîn.
Sol ich mîner triuwe alsus entgelten,
so ensol niemer man getrûwen ir.
Si vertrüege michels baz ein schelten   15
danne ein loben, daz geloubet mir.
Wê war umbe tuot si daz,
der mîn herze treit vil kleinen haz?

23 (L. 99,₆).

Sumer unde winter beide sint
guotes mannes trôst, der trôstes gert:
Er ist rehter fröude gar ein kint,
der ir niht von wîbe wirt gewert.
Dâ von sol man wizzen daz,   5
daz man elliu wîp sol êren, und iedoch die besten baz.
   Sît daz nieman âne fröude touc,
sô wolte ouch ich vil gerne fröude hân
Von der mir mîn herze nie gelouc,
ezn sagte mir ir güete ie sunder wân.   10
Swenn ez diu ougen sante dar,
seht, sô brâhtens im diu mære, daz ez fuor in sprüngen
   In weiz niht wol wiez dar umbe sî: [gar.
sin gesach mîn ouge lange nie:
Sint ir mînes herzen ougen bî,   15
sô daz ich âne ougen sihe sie?
Da ist doch ein wunder an geschehen:
wer gap im daz sunder ougen, deiz sie zaller zît mac
   Welt ir wizzen waz diu ougen sîn,   [sehen?
dâ mite ich sie sihe durch elliu lant?   20
Ez sint die gedankę des herzen mîn:
dâ mite sihe ich durch mûre und ouch durch want.
Nû hüeten swie sie dunke guot:

sô sehent sie doch mit vollen ougen herze wille und
al der muot.

25

Wirde ich iemer ein sô sælic man,
daz si mich ân ougen sehen sol?
Siht si mich in ir gedanken an,
sô vergiltet si mir mîne wol.
Mînen willen gelte mir,
sende mir ir guoten willen: mînen den habe iemer ir. 30

24 (L. 50,19).

Bin ich dir unmære,
des enweiz ich niht: ich minne dich.
Einez ist mir swære,
dû sihst bî mir hin und über mich.
Daz solt dû vermîden.   5
ine mac niht erlîden
solhe liebe ân grôzen schaden:
hilf mir tragen, ich hân ze vil geladen.
   Sol daz sîn dîn huote,
daz dîn ouge an mich sô selten siht?   10
Tuost dû mir daz ze guote,
sône wîze ich dir dar umbe niht.
Sô mît mir daz houbet,
daz sî dir erloubet,
und sich nider an mînen fuoz,   15
sô dû baz enmügest: daz sî dîn gruoz.
   Swanne ichs alle schouwe,
die mir suln von schulden wol behagen,
Sô bist dûz mîn frouwe:
daz mac ich wol âne rüemen sagen.   20
Edel unde rîche
sint sie sumelîche,
dar zuo tragent sie hôhen muot:
lîhte sint sie bezzer, dû bist guot.

24,16. Hierauf folgt in E folgende strophe: *Sie beginnent alle   miner
frauwen* (lies *frouwe, miner*) *fuezze nemen war   mitten in dem schalle   so sich
frauwe auch under wilen dar   ümme die merkere   la dir sin unmere   den
griffe ich wol naher baz   daz versueche alrerst so denne daz.*

Frouwe des versinne   25
dich ob ich dir zihte mære sî.
Eines friundes minne
diu ist niht, da ensî ein ander bî.
Minne entouc niht eine,
si sol sîn gemeine,   30
sô gemeine daz si gê
durch zwei herze und durch dekeinez mê.

25 (L. 51,13).

Müget ir schouwen waz dem meien
wunders ist beschert?
Seht an pfaffen, seht an leien,
wie daz allez vert.
Grôz ist sîn gewalt: 5
ine weiz obe er zouber künne:
swar er vert in sîner wünne,
dân ist nieman alt.
  Uns wil schiere wol gelingen.
wir suln sîn gemeit,   10
Tanzen lachen unde singen,
âne dörperheit.
Wê wer wære unfrô?
sît diu vogelîn alsô schône
schallent mit ir besten dône,   15
tuon wir ouch alsô!
  Wol dir, meie, wie dû scheidest
allez âne haz!
Wie wol dû die boume kleidest,
und die heide baz!   20
Diu hât varwe mê.
'dû bist kurzer, ich bin langer,'
alsô strîtents ûf dem anger,
bluomen unde klê.
  Rôter munt, wie dû dich swachest!   25
lâ dîn lachen sîn.
Scham dich daz dû mich an lachest
nâch dem schaden mîn.
Ist daz wol getân?

ouwê sô verlorner stunde,   30
sol von minneclîchem munde
solch unminne ergân!
   Daz mich, frouwe, an fröuden irret,
daz ist iuwer lîp.
An iu einer ez mir wirret,   35
ungenædic wîp.
Wâ nemt ir den muot?
ir sît doch genâden rîche:
tuot ir mir ungnædeclîche,
sô sît ir niht guot.   40
   Scheidet, frouwe, mich von sorgen,
liebet mir die zît:
Oder ich muoz an fröuden borgen.
daz ir sælic sît!
Müget ir umbe sehen?   45
sich fröut al diu werlt gemeine:
möhte mir von iu ein kleine
fröudelîn geschehen!

26 (L. 52,₂₃).

Mîn frouwe ist ein ungenædic wîp,
dazs an mir als harte missetuot.
Nû brâht ich doch einen jungen lîp
in ir dienst, und dar zuo hôhen muot.
Ouwê dô was mir sô wol: 5
wiest daz nû verdorben!
waz hân ich erworben?
anders niht wan kumber den ich dol.
   In gesach nie houbet baz gezogen:
in ir herze kunde ich nie gesehen.   10
Ie dar under bin ich gar betrogen:
daz ist an den triuwen mir geschehen.
Möhte ich ir die sternen gar,
mânen unde sunnen,
zeigen hân gewunnen,   15
daz wær ir, so ich iemer wol gevar.
   Ouwê mîner wünneclîcher tage!
waz ich der an ir versûmet hân!

Daz ist iemer mînes herzen klage,
sol diu liebe an mir alsus zergân.   20
Lîde ich nôt und arebeit,
die klage ich vil kleine:
mîne zît aleine,
hab ich die verlorn, daz ist mir leit.

Ich gesach nie sus getâne site,   25
dazs ir besten friunden wære gram.
Swer ir vîent ist, dem wil si mite
rûnen; daz guot ende nie genam.
Ich weiz wol wiez ende ergât:
vînt und friunt gemeine,   30
der gestêts aleine,
sô si mich und jene unrehte hât.

Mîner frouwen darf niht wesen leit,
daz ich rîte und frâge in frömediu lant
Von den wîben die mit werdekeit   35
lebent (der ist vil manegiu mir erkant)
Und die schœne sint dâ zuo:
doch ist ir deheine,
weder grôz noch kleine,
der versagen mir iemer wê getuo.   40

27 (L. 53,25).

Si wunderwol gemachet wîp,
daz mir noch werde ir habedanc!
Ich setze ir minneclîchen lîp
vil werde in mînen hôhen sanc.
Gern ich in allen dienen sol: 5
doch hân ich mir dise ûz erkorn.

26,25. Statt dieser und der folgenden strophe hat E: *Si hat mir be-
scheiden vil manigen tac   unde versumet mir vil schone leben   als ich sie (ichs
Lachm.) nu niht mer geliden mac   so wil ich ir auch eine (ein ende Haupt)
geben   tuot si mir gnade [da nachgetragen]   so diene ich ir mit eren   sot
aber ich mich keren   von ir gar so tantze ich aber anderswar. Maniger
claget sin frauwe spreche nein   so clage ich daz mine sprichet ia   aller worte
kan si nür (niwan Lachm.) ein   daz hœr ich vil selten anderswa   ichn weiz
ob sie spotte min   sie versaget mir nimmer   sie gelobet mir immer   gern
unde ia daz muoz unselic sin.   27₁ ff. Vgl. Pfeiffer, Germania II, 470.*

ein ander weiz die sînen wol:
die lobe er âne mînen zorn;
hab ime wîs unde wort
mit mir gemeine: lobe ich hie, sô lobe er dort.   10
   Ir houbet ist sô wünnenrîch,
als ez mîn himel welle sîn.
Wem solde ez anders sîn gelîch?
ez hât joch himelischen schîn.
Dâ liuhtent zwêne sternen abe: 15
dâ müeze ich mich noch inne ersehen,
daz si mirs alsô nâhen habe!
sô mac ein wunder wol geschehen:
ich junge, und tuot si daz,
und wirt mir gernden siechen seneder sühte baz.   20
   Got hâte ir wengel hôhen flîz,
er streich sô tiure varwe dar,
Sô reine rôt, sô reine wîz,
hie rœseloht, dort liljenvar.
Ob ichz vor sünden tar gesagen,   25
sô sæhe ichs iemer gerner an
dan himel oder himelwagen.
ouwê waz lob ich tumber man?
mach ich sie mir ze hêr,
vil lîhte wirt mîns mundes lop mîns herzen sêr.   30
   Si hât ein küssen, daz ist rôt:
gewünne ich daz für mînen munt,
Sô stüende ich ûf ûz dirre nôt
unt wære ouch iemer mê gesunt.
Dem si daz an sîn wengel legt,   35
der wont dâ gerne nâhe bî:
ez smecket, sô manz iender regt,
alsam ez allez balsme sî.
daz sol si lîhen mir:
swie dicke sô siz wider wil, sô gibe ichz ir.   40
   Ir kel, ir hende, ietweder fuoz,
daz ist ze wunsche wol getân.
Ob ich da enzwischen loben muoz,
sô wæne ich mê beschouwet hân.
Ich hete ungerne 'decke blôz!'   45

gerüefet, do ich sie nacket sach.
si sach mîn niht, dô si mich schôz,
daz mich noch sticht als ez dô stach.
ich lobe die reinen stat
dâ diu vil minneclîche ûz einem bade trat.   50

28 (L. 85,₃₄).

Frouwe, enlât iuch niht verdriezen
mîner rede, ob si gefüege sî.
Möhte ichs wider iuch geniezen,
sô wær ich den besten gerne bî.
Wizzet daz ir schœne sît: 5
hât ir, als ich mich verwæne,
güete bî der wolgetæne,
waz danne an iu einer êren lît!
  'Ich wil iu ze redenne gunnen
(sprechet swaz ir welt), ob ich niht tobe.   10
Daz hât ir mir an gewunnen
mit dem iuwern minneclîchen lobe.
Ichn weiz obe ich schœne bin,
gerne hete ich wîbes güete.
lêret mich wiech die behüete: 15
schœner lîp entouc niht âne sin.'
  Frouwe, daz wil ich iuch lêren,
wie ein wîp der werlte leben sol:
Guote liute sult ir êren,
minneclîche an sehen und grüezen wol;   20
Eime sult ir iuwern lîp
geben für eigen, nemet den sînen.
frouwe, woltet ir den mînen,
den gæb ich umb ein sô schœne wîp.
  'Beide schouwen unde grüezen,   25
swaz ich mich dar an versûmet hân,
Daz wil ich vil gerne büezen.
ir hât hovelîche an mir getân;
Tuot durch mînen willen mê:
sît niht wan mîn redegeselle.   30
in weiz nieman dem ich welle
nemen den lîp: ez tæte im lihte wê.'

Frouwe, lât michz alsô wâgen
(ich bin dicke komen ûz grœzer nôt)
Unde lâts iuch niht betrâgen :   35
stirbe ab ich, sô bin ich sanfte tôt.
'Herre, ich wil noch langer leben.
lîhte ist iu der lîp unmære;
waz bedörfte ich solher swære,
solt ich mînen lîp umb iuwern geben?'   40

29 (L. 115, ₃₀).

Mich nimt iemer wunder waz ein wîp
an mir habe ersehen,
Dazs ir zouber leit an mînen lîp.
waz ist ir geschehen?
Si hât doch ouch ougen: 5
wie kumt dazs als übel gesiht?
ich bin aller manne schœnest niht;
daz ist âne lougen.

Habe ir ieman iht von mir gelogen,
sô beschouwe mich baz.   10
Sist an mîner schœne gar betrogen,
wils anders niht wan daz.
Wie stât mir mîn houbet!
dazn ist niht ze wol getân.
sie betriuget lîhte ein tumber wân,   15
ob siz niht geloubet.

Dâ si wont, dâ wonent wol tûsent man
die vil schœner sint.
Wan daz ich ein lützel fuoge kan,
so ist mîn schœne ein wint.   20
Fuoge hân ich kleine:
doch ist si gemeine wol,
. . . . sô daz si vil liuten sol
iemer sîn gemeine.

Wil si fuoge für die schœne nemen,   25
so ist si wol gemuot.
Kan si daz, sô muoz ir wol gezemen
swaz si mir getuot.
Sô wil ich mich neigen,

und tuon allez daz si wil.   30
waz bedarf si denne zoubers vil?
ich bin doch ir eigen.
　　Lât iu sagen wiez umbe ir zouber stât,
des si wunder treit.
Sist ein wîp diu schœne und êre hât,   35
dâ bî liep und leit.
Dazs iht anders künne,
daz sol man gar übergeben;
wan daz mir ir wünneclîchez leben
machet sorge und wünne.   40

30 (L. 69,₁)

Saget mir ieman, waz ist minne?
weiz ich des ein teil, sô wist ichs gerne mê.
Der sich baz denn ich versinne,
der berihte mich durch waz si tuot sô wê.
Minne ist minne, tuot si wol: 5
tuot si wê, so enheizet si niht rehte minne. sus enweiz
　　　　　　　　　ich wie si danne heizen sol.
　.Obe ich rehte râten künne
waz diu minne sî, sô sprechet denne jâ.
Minne ist zweier herzen wünne:
teilent sie gelîche, sost diu minne dâ: 10
Sol ab ungeteilet sîn,
sô enkans ein herze alleine niht enthalten. ouwê wol-
　　　　　　　　　dest dû mir helfen, frouwe mîn!
　　Frouwe, ich trage ein teil ze swære:
wellest dû mir helfen, sô hilf an der zît.
Sî ab ich dir gar unmære,   15
daz sprich endelîche: sô lâz ich den strît,
Unde wirde ein ledic man.
dû solt aber einez rehte wizzen, daz dich lützel ieman
　　　　　　　　　baz dann ich geloben kan.
　　Kan mîn frouwe süeze siuren?
wænet si daz ich ir liep gebe umbe leit?   20
Sol ich sie dar umbe tiuren,

---

daz siz wider kêre an mîne unwerdekeit?
Sô kund ich unrehte spehen.
wê waz sprich ich ôrenlôser ougen âne? den diu minne
blendet, wie mac der gesehen?

31 (L. 40,19)

Ich hân ir sô wol gesprochen,
daz sie maneger in der werlte lobet:
Hât si daz an mir gerochen,
ouwê danne, sô hân ich getobet,
Daz ich die getiuret hân   5
und mit lobe gekrœnet,
diu mich wider hœnet.
frouwe Minne, daz sî iu getân.
   Frouwe Minne, ich klage iu mêre:
rihtet mir und rihtet über mich.   10
Der ie streit umb iuwer êre
wider unstæte liute, daz was ich.
In den dingen bin ich wunt.
ir hât mich geschozzen,
und gât si genozzen: 15
ir ist sanfte, und ich ab ungesunt.
   Frouwe, lât mich des geniezen:
ich weiz wol, ir habet strâle mê:
Müget irs in ir herze schiezen,
daz ir werde mir gelîche wê?   20
Müget ir, edeliu künegîn,
iuwer wunden teilen
oder die mîne heilen?
sol ich eine alsus verdorben sîn?
   Ich bin iuwer, frouwe Minne: 25
schiezet dar dâ man iu widerstê.

------

dir alrest so (fehlt F) *denne daz   weistu wes sie wünschent dir   daz sie selig
sie von der man uns sust* (uns so schone E) *singet   sich frauwe den gemeinen
wunsch hast auch von mir.*   31,24. Hier folgt in E: *Frauwe minne
ir sült mir lonen   baz denne einem andern man   unde sült min schonen   baz
wonde* (lies *wande*) *ich ü baz gedienet han   waz sol üch der nüwe site   daz ir
manegen eret   der üch hin wider uneret   da verderbet ir die besten mite.*

Helfet daz ich sie gewinne,
neinâ frouwe, daz sis iht engê!
Lât mich iu daz ende sagen:
und engêts uns beiden,   30
wir zwei sîn gescheiden.
wer solt iu danne iemer iht geklagen?

32 (L. 65,33).

In einem zwîvellîchen wân
was ich gesezzen, und gedâhte,
Ich wolte von ir dienste gân;
wan daz ein trôst mich wider brâhte.
Trôst mag ez rehte niht geheizen, ouwê des!   5
ez ist vil kûme ein kleinez trœstelîn,
sô kleine, swenne ichz iu gesage, ir spottet mîn.
doch fröut sich lützel ieman, er enwizze wes.
   Mich hât ein halm gemachet frô:
er giht, ich sül genâde vinden.   10
Ich maz daz selbe kleine strô,
als ich hie vor gesach von kinden.
Nû hœret unde merket ob siz denne tuo.
'si tuot, si entuot, si tuot, si entuot, si tuot.'
swie dicke ich alsô maz, sô was ie 'z ende guot.   15
daz trœstet mich: dâ hœret ouch geloube zuo.
   Swie liep si mir von herzen sî,
sô mac ich doch wol erlîden
Daz ich ir sî zem besten bî:
ich darf ir werben dâ niht nîden.   20
Ichn mac, als ich erkenne, des geloubeu niht
dazs ieman saufte in zwîvel bringen müge.
mirst liep daz die getrogenen wizzen waz sie trüge,
und alze lanc dazs iemer rüemic man gesiht.

32,₁. Vor dieser strophe steht in F die folgende in gleichem tone:
*Do got geschuff so schöne ein weyp   do geschuff er ir so schöne synne   das
man sie lobet für mangen leyp   ir schone ist auch tumb dorinne   wie sol ich
die erwerben die so rehte selig ist   mit meiner selde erwirbe ich lützel dann*
(*dâ* Lachmann)   *ich wil mich rehte an ir gnade lan* (*lâzen* Lachm.) *ia
das ist mein ennde rat und auch mein ende list.*   32,₁₇. Der text dieser
nur in C überlieferten strophe scheint verderbt. Sie ist noch nicht befrie-
digend erklärt.

33 (L. 70,1).

Daz ich dich sô selten grüeze,
frouwe, deist ân alle mîne missetât.
Ich wil daz wol zürnen müeze
liep mit liebe, swa ez von friundes herzen gât.
Trûren unde wesen frô,   5
sanfte zürnen, sêre süenen, deist der minne reht: diu
    In gesach nie tage slîchen   [herzeliebe wil alsô.
sô die mîne tuont. ich warte in allez nâch.
Wesse ich war sie wolten strîchen!
mich nimt iemer wunder wes in sî sô gâch.   10
. . . sie mügen zuo deme
komen der ir niht sô schône pfliget: sô lâzen denne
                schîuen ob sie wizzen weme.
    Dû solt eine rede vermîden,
frouwe; des getriuwe ich dînen zühten wol;
Tætest dûz, ich woldez nîden: 15
als die argen sprechent, dâ man lônen sol
'Hete er sælde, ich tæte im guot.'
er ist selbe unsælic, swer daz gerne sprichet unde
                niemer diu gelîche tuot.

34 (L. 70,22).

Genâde, frouwe! alsô bescheidenlîche
lâ mich dir einer iemer leben,
Obe ich daz breche, daz ich fürder strîche.
wan einez soltû mir vergeben:
Daz mahtû mir ze kurzer wîle erlouben gerne,   5
die wîle unz ich dîn beiten sol.
ich nenne ez niht, ich meine jenz, dû weist ez wol.
ich sage dir wes ich angest hân: dâ fürhte ich daz
                ichz widerlerne.
    'Gewinne ich iemer liep, daz wil ich haben eine:
mîn friunt der minnet andriu wîp.   10
An allen guoten dingen hân ich wol gemeine,
wan dâ man teilet friundes lîp.
Sô ich in under wîlen gerne bî mir sæhe,
sô ist er von mir anderswâ.

sît er dâ alsô gerne sî, sô sî ouch dâ.   15
ez tuot sô manegem wîbe wê,   daz mir dâ von niht
                                           wol geschæhe.'
    Si sælic wîp, si zürnet wider mich ze sêre,
daz ich mich friunde an manege stat.
Si engehiez mich nie geleben nâch ir lêre,
swie jâmerlîche ich sies gebat.   20
Waz hilfet mich daz ich sie minne vor in allen?
si swîget iemer als ich klage.
wil si daz ich andern wîben widersage,
sô lâze ir mîne rede ... . ein wênic baz gevallen.

    'Ich wil dir jehen daz dû mîn dicke sêre bæte, 25
und nam ich des vil kleine war.
Dô wisse ich wol daz du allenthalben alsô tæte:
des wart ich dir sô fremede gar.
Der mîn ze friunde ger, wil er mich gewinnen,
der lâze alsolhe unstætekeit.   30
gemeine liep daz dunket mich gemeinez leit:
nû sage, weist dû anders iht?   dâ von tar ich dich
                                           niht geminnen.'

35 (L. 72,31).

Lange swîgen des hât ich gedâht:
nû muoz ich singen aber als ê.
Dar zuo hânt mich guote liute brâht:
die mügen mir wol gebieten mê.
Ich sol singen unde sagen,   5
und swes sie gern, daz sol ich tuon: sô suln sie mînen
    Hœret wunder, wie mir ist geschehen [kumber klagen.
von mîn selbes arebeit:
Mich enwil ein wîp niht an gesehen;
die brâht ich in die werdekeit,   10
Daz ir muot sô hôhe stat.
jon weiz si niht, swenn ich mîn singen lâze, daz ir lop
    Herre, waz si flüeche lîden sol,   [zergât.
swenn ich nû lâze mînen sanc!
Alle die nû lobent, daz weiz ich wol,   15
die scheltent danne ân mînen danc.

Tûsent herzen wurden frô
von ir genâden, dius engeltent, scheide ich mich von
   Dô mich dûhte daz si wære guot,   [ir alsô.
wer was ir bezzer dô dann ich?   20
Dêst ein ende: swaz si mir getuot,
sô mac si wol verwænen sich:
Nimet si mich von dirre nôt,
ir leben hât mîns lebennes êre: sterbet si mich, so ist
   Sol ich in ir dienste werden alt,   [si tôt. 25
die wîle junget si niht vil.
So ist mîn hâr vil lîhte alsô gestalt,
dazs einen jungen danne wil.
Sô helfe iu got, her junger man,
sô rechet mich und gêt ir alten hût mit sumerlaten an. 30

36 (L. 88,9).

Friuntlîchen lac
ein rîter vil gemeit
an einer frouwen arme.   er kôs den morgen lieht.
do er in durch diu wolken   sô verre schînen sach,
Diu frouwe in leide sprach   5
'wê geschehe dir, tac,
daz dû mich lâst bî liebe   langer blîben niht.
daz sie dâ heizent minne,   deist niewan senede leit.'
   'Friundinne mîn,
dû solt dîn trûren lân.   10
ich wil mich von dir scheiden: daz ist uns beiden guot.
ez hât der morgensterne   gemachet hinne lieht.'
'Mîn friunt, nû tuo des niht,
lâ die rede sîn,
daz dû mir iht sô sêre   beswærest mînen muot. 15
war gâhest alsô balde?   ez ist niht wol getân.'
   'Frouwe, nû daz sî:
ich wil belîben baz.
nû rede in kurzen zîten   allez daz dû wil,
daz wir unser huote   triegen aber als ê.'   20
'Mîn friunt, daz tuot mir wê.
ê ich dir aber bî
gelige, mîner swære   derst leider alze vil.
nû mît mich niht ze lange: vil liep ist mir daz.'

'Daz muoz alsô geschehen   25
daz ich es niene mac.
sol ich dich, frouwe, mîden   eines tages lanc,
sô enkumt mîn herze   doch niemer von dir.'
'Mîn friunt, nû volge mir:
dû solt mich schiere sehen,   30
ob dû mir sîst mit triuwen   stæte sunder wanc.
ouwê der ougenweide!   nû kius ich den tac.'
   'Waz helfent bluomen rôt,
sît ich nû hinnen sol?
vil liebiu friundinne,   die sint unmære mir,   35
reht als den vogellînen   die winterkalten tage.'
Friunt, dêst ouch mîn klage
und mir ein wernde nôt.
jon weiz ich niht ein ende,   wie lange ich dîn enbir.
nû lige eht eine wîle: son getæt dû nie sô wol.' 40
   'Frouwe, es ist zît:
gebiut mir, lâ mich varn.
jâ tuon ichz durch dîn êre,   daz ich von hinnen ger.
der wahtære diu tageliet   sô lûte erhaben hât.'
'Friunt, wie wirt es rât?   45
dâ lâze ich dir den strît.
ouwê des urloubes,   des ich dich hinnen wer!
von dem ich habe die sêle,   der müeze dich bewarn.'
   Der rîter dannen schiet:
dô sente sich sîn lîp,   50
und liez ouch sêre weinde   die schœnen frouwen guot.
doch galt er ir mit triuwen   dazs ime vil nâhe lac.
Si sprach 'swer ie geflac
ze singen tageliet
mir, der wil wider morgen   beswæren mînen muot. 55
nû lige ich liebes eine   reht als ein senede wîp.'

37 (L. 57₂₃).

Minne diu hât einen site:
daz si den vermîden wolde!

37,₁. E eröffnet dieses lied mit folgender strophe: *Ich han ir gedienet*
[*sô* Lachm.]   *daz* (*diu* Lachm.) *do heizet frauwe minne   daz iz* [*mac* Lachm.]

daz gezæme ir baz.
Dâ beswært si manegen mite,
den si niht beswæren solde: 5
wê wie zimt ir daz?
Ir sint vier unt zwênzec jâr
vil lieber danne ir vierzec sîn,   und stellet sich vil
      übel, sihts iender grâwez hâr.

 Minne was mîn frouwę sô gar,
deich wol wiste al ir tougen.   10
nu ist mir sô geschehen.
Kumt ein junger ieze dar,
sô wird ich mit twerhen ougen
schilhend an gesehen.
Armez wîp, wes müet si sich?   15
weizgot wan daz si liste pfliget   und tôren triuget,
      sist doch elter vil dann ich.

 Minne hât sich an genomen
daz si gêt mit tôren umbe
springende als ein kint.
War sint alle ir witze komen?   20
wes gedenket si vil tumbe?
sist joch gar ze blint.
Dazs ir rûschen nienen lât,
und füere als ein bescheiden wîp!   si stôzet sich, daz
      ez mir an mîn herze gât.

 Minne sol daz nemen für guot,   25
under wîlen sô si ringet,
daz ich sitzen gê.
Ich hân alsô hôhen muot
als einer der vil hôhe springet:
wê waz wil sis mê?   30
Anders diene ich swâ ich mac.
si besúoche wâ die sehse sîn: von mir hâts in der
      wochen ie den sibenden tac.

---

*immer clage [wiser man si wiget unhô und Lachm.] der gauch ist guoter
sinne   daz mich der sol veriage   der min tore solte sin   da wir zwene
werben ümme ein ding   daz dine tuot fürder nimmer muez es werden min.*

38 (L. 63,32).

'Swie wol der heide ir manicvaltiu varwe stât,
sô wil ich doch dem walde jehen
Daz er vil mêre wünneclîcher dinge hât:
noch ist dem velde baz geschehen.
Sô wol dir, sumer, sus getâner arebeit!   5
sumer, daz ich iemer lobe dîne tage,
trôst, sô trœste ouch mîne klage.
ich sage dir waz mir wirret: der mir ist liep, dem
                                        bin ich leit.'

   Ich mac der guoten niht vergezzen noch ensol,
diu mir sô vil gedanke nimet.   10
Die wîle ich singen wil, sô vinde ich iemer wol
ein niuwe lop daz ir gezimet.
Nû habe ir diz verguot (sô lobe ich danne mê):
ez tuot in den ougen wol daz man sie siht:
und daz man ir vil tugende giht,   15
daz tuot wol in den ôren.   sô wol ir des! sô wê mir, wê!

Sie frâgent unde frâgent aber alze vil
von mîner frouwen, wer si sî.
Daz müet mich sô daz ichs in allen nennen wil:
sô lânt sie mich doch danne frî.   20
Genâde und Ungenâde, dise zwêne namen
hât mîn frouwe beide und sint ungelîch:
der eine ist arm, der ander rîch.
der mich des rîchen irre,   der müeze sich des armen
                                        schamen.

   Die schamelôsen, liezen sie mich âne nôt,   25
so enhæte ich weder haz noch nît.
Nû muoz ich von in gân, alsô diu zuht gebôt.
ich lâze in laster unde strît.
Dô zuht gebieten mohte, seht, dô schuof siz sô:
tûsent werten einem ungefüegen man,   30
unz er schône sich versan;
und muose sich versinnen: sô vil was der gefüegen dô.

39 (L. 119,17).

Got gebe ir iemer guoten tac
und lâze mich sie noch gesehen,
Diech minne und niht erwerben mac.
mich müet daz ich sie hœre jehen
Wie holt si mir entriuwen wære,   5
und saget mir ein ander mære,
des mîn herze inneclîchen kumber lîdet iemer sît:
ouwê wie süeze ein arebeit!
ich hân ein senfte unsenftekeit.

  'Got hât vil wol ze mir getân,   10
sît ich mit sorgen minnen sol,
Daz ich mich underwunden hân
dem alle liute sprechent wol.
Im wart von mir in allen gâhen
ein küssen und ein umbevâhen: 15
seht, dô schôz mir in mîn herze daz mir iemer nâhe lît,
unz ich getuon des er mich bat.
ich tætez, würde mirs diu stat.'

Ich wære dicke gerne frô,
wan daz ich niht gesellen hân.   20
Nû sie alle trûrent sô,
wie möhte ichz eine denne lân?
Ich müese ir vingerzeigen lîden,
ich wolte fröude durch sie mîden.
sus behalte ich wol ir hulde, daz siez lâzen âne nît. 25
wand ich gelache niemer niht
dâ ez ir dekeiner siht.

  Ez tuot mir inneclîchen wê,
als ich gedenke wes man pflac
In der werlte wîlent ê.   30
ouwê deich niht vergezzen mac
Wie rehte frô die liute wâren!
dô kunde ein sælic man gebâren,
unde spilte im sîn herze gein der wünneclîchen zît.
sol daz nimmer mêr geschehen,   35
sô müet mich daz ichz hân gesehen.

40 (L. 112,3).

Müeste ich noch geleben daz ich die rôsen
mit der minneclîchen solde lesen,
Sô wold ich mich sô mit ir erkôsen,
daz wir iemer friunde müesten wesen.
Würde mir ein kus noch zeiner stunde   5
von ir rôten munde,
sô wær ich an fröuden wol genesen.

 Waz sol lieblich sprechen? waz sol singen?
waz sol wîbes schœne? waz sol guot?
Sît man nieman siht nâch fröuden ringen,   10
sît man übel âne vorhte tuot,
Sît man triuwe milte zuht und êre
wil verpflegen sô sêre,
sô verzagt an fröuden maneges muot.

41 (L. 110,27).

Wer kan nû ze danke singen?
dirre ist trûric, der ist frô:
Wer kan daz zesamene bringen?
dirre ist sus und der ist sô.
Sie verirrent mich   5
und versûment sich:
wess ich waz sie wolten, daz sung ich.

 Fröude und sorge erkenne ich beide:
dâ von singe ich swaz ich sol.
Mir ist liebe, mir ist leide.   10
sumerwünne tuot mir wol;
Swaz ich leides hân,
daz tuot zwîvelwân,
wiez mir umb die lieben sül ergân.

 Wol iu kleinen vogellînen!   15
iuwer wünneclîcher sanc
Der verschallet gar den mînen.
al diu werlt diu seit iu danc.
Alsô danken ir

*

42 (L. 42,15).

Wil ab iemen wesen frô,
daz wir iemer in den sorgen niht enleben?
Wê wie tuont die jungen sô,
die von fröuden solten in den lüften sweben?
Ichn weiz anders weme ichz wîzen sol,   5
wan den rîchen wîze ichz und den jungen.
die sint unbetwungen:
des stât in trûren übel und stüende in fröude wol.

   Wie frô Sælde kleiden kan,
daz si mir gît kumber unde hôhen muot!   10
Sô gîts einem rîchen man
ungemüete: ouwê waz sol dem selben guot?
Mîn frou Sælde, wie si mîn vergaz,
daz si mir sîn guot ze mînem muote
nien schriet, si vil guote!   15
mîn kumber stüende im dort bî sînen sorgen baz.

   Swer verholne sorge trage,
der gedenke an guotiu wîp: er wirt erlôst:
Und gedenke an liehte tage.
die gedanke wâren ie mîn bester trôst.   20
Gegen den vinstern tagen hân ich nôt,
wan daz ich mich rihte nâch der heide,
diu sich schamt ir leide:
sô si den walt siht gruonen, sô wirts iemer rôt.

   Frouwe, als ich gedenke an dich,   25
waz dîn reiner lîp erwelter tugende pfliget,
Sô lâ stân! dû rüerest mich
mitten an daz herze, dâ diu liebe liget.
Liep und lieber des enmein ich niht:
dû bist [mir] aller liebest, daz ich meine.   30
dû bist mir alleine
vor al der werlte, frouwe, swaz sô mir geschiht.

43 (L. 117,29).

Nû sing ich als ich ê sanc,
'wil ab iemen wesen frô?
Daz die rîchen haben undanc,
und die jungen haben alsô!'

Wist ich waz in würre (daz möhten sie mir gerne   5
sô hülfe ich ir schaden klagen.   [sagen),
  Swâ sô liep bî liebe lît
gar vor allen sorgen frî,
Ich wil daz diu winterzît
den zwein wol erteilet sî.   10
Sumer unde winter, der zweier êren ist sô vil,
daz ich beide loben wil.
  Hât der winter kurzen tac,
sô hât er die langen naht,
Daz sich liep bî liebe mac   15
wol erholn, daz ê dâ vaht.
Waz hân ich geredet? ouwê jâ het ich baz geswigen,
sol ich iemer sô geligen.

44 (L. 97,34).

Ez wære uns allen   einer hande sælden nôt:
daz man rehter fröude schône pflæge als ê.
Ein missevallen   daz ist mîner fröuden tôt,
daz den jungen fröude tuot sô rehte wê.
war zuo sol ir junger lîp,   5
dâ mite si fröude solten minnen?
hei wolten sie ze fröuden sinnen,
junge man, des hülfen noch diu wîp!
  Nû bin ich iedoch   frô und muoz bî fröuden sîn
durch die lieben, swiez dar under mir ergât.   10
Mîn schîn ist hie noch: So ist bî ir daz herze mîn,
daz man mich vil ofte sinnelôsen hât.
Hei solten sie zesamene komen,
mîn lîp, mîn herze, ir beider sinne,
daz sie des wol würden inne,   15
die mir dicke fröude hânt benomen!
  Vor den merkæren   kan nû nieman liep geschehen:
wan ir huote twinget manegen werden lîp.
Daz muoz beswæren   mich: swenn ich sie solte sehen,
sô muoz ich sie mîden, sie vil sælic wîp.   20
Doch müeze ich noch die zît geleben,
daz ich sie willic eine vinde,

sô daz diu huote uns beiden swinde;
dâ mite würdę mir liebes vil gegeben.
Vil maneger frâget   mich der lieben, wer si sî,   25
der ich diene und allez her gedienet hân.
Sô des betrâget   mich, sô spriche ich 'ir sint drî,
den ich diene: sô hab ich zer vierden wân.'
Doch weiz siz alleine wol,
diu mich hât sus zuo zir geteilet.   30
diu guote wundet unde heilet,
der ich vor in allen dienen sol.
Nû, frouwe Minne,   kum sie minneclîchen an,
diu mich twinget und alsô betwungen hât.
Brinc sie des innę,   daz werdiu minne twingen kan. 35
waz ob minneclîchiu liebe ouch sie bestât?
Sô möhtes ouch gelouben mir
daz ich sie gar von herzen meine.
nû, Minnę, bewære irz und bescheine,
daz ich iemer gerne diene dir.   40

45 (L. 54,37).

Ich freudehelfelôser man,
war umbe mach ich manegen frô,
Der mir es niht gedanken kan?
ouwê wie tuont die friunde sô?
Jâ friunt! waz ich von friunden sage!   5
het ich dekeinen, der vernæme ouch mîne klage.
nun hân ich friunt, nun hân ich rât:
nû tuo mir swie dû wellest, minneclîchiu Minne,   sît
                        nieman mîn genâde hât.
Vil minneclîchiu Minne, ich hân
von dir verloren mînen sin.   10
Dû wilt gewalteclîchen gân
in mînem herzen ûz und in.
Wie kunde ich âne sin genesen?
dû wonest an sîner stat, da'r inne solte wesen:
dû sendest in dû weist wol war.   15
dan mac er leider niht erwerben, frouwe Minne: ouwê
Genâde, frouwe Minne! ich wil   [dû soltest selbe dar.
dir umbe dise boteschaft
Geflügen dînes willen vil:

wis wider mich nû tugenthaft.   20
Ir herze ist rehter fröuden vol,
mit lûterlîcher reinekeit gezieret wol:
erdringest dû dâ dîne stat,
sô lâ mich in, daz wir sie mit ein ander sprechen.   mir
                         missegie, do ichs eine bat.
   Genædeclîchiu Minne, lâ: 25
war umbe tuost dû mir sô wê?
Dû twingest hie, nû twing ouch dâ,
versuoche wer dir widerstê.
Nû wil ich schouwen ob du iht tügest.
dun darft niht jehen daz dû in ir herze'n mügest: 30
ezn wart nie sloz sô manicvalt,
daz vor dir gestüende, diebe meisterinne.   tuo ûf!
                         [sist wider dich ze balt.
Frô Sælde teilet umbe sich,
und kêret mir den rügge zuo.
Da enkan si niht erbarmen sich: 35
in weiz waz ich dar umbe tuo.
Si stêt ungerne gegen mir:
louf ich hin umbe, ich bin doch iemer hinder ir:
sin ruochet mich niht an gesehen.
ich wolte daz ir ougen an ir nacke stüenden: sô
                         müest ez ân ir danc geschehen. 40

Wer gap dir, Minne, den gewalt,
daz dû doch sô gewaltic bist?
Dû twingest beide junc und alt:
dâ für kan nieman keinen list..
Nû lob ich got, sît dîniu bant   45
mich sulen twingen, deich sô rehte hân erkant
wâ dienest werdeclîchen lît.
dâ von enkume ich niemer. gnâde, frou küneginne!
                         lâ mich dir leben mîne zît.

46 (L. s. 184. 5. 61,33).
Ich wil nû mêre ûf ir genâde wesen frô,
sô verre als ich . . . . . immer mac.

welchn iz ob allen liuten . . sî alsô:
nâch eime guoten kumet mir ein sô bœser tac,
Daz ich ze fröuden niht enkan.   5
sô gêt ez an ein scheiden: des pflac ich von kinde
                          gerner denne ie man.
in ruoche wer mîn drumbe lachet:
zewâre wünschen unde wænen   daz hât mich dicke
                          frô gemachet.
    Ich wünsche mir sô werde daz ich noch gelige
bî ir sô nâhen deich mich in ir ouge ersehe,   10
Und ich ir alsô volleclîchen an gesige,
swes ich sie denne frâge daz si mirs verjehe.
Sô spriche ich 'wildus iemer mê
beginnen, dû vil sælic wîp, daz dû mir aber . . tuost
                          sô wê?'
sô lachet si vil minneclîche.   15
wie nû? swenn ich mir sô gedenke   bin ich von
                          wünschen dennę nicht rîche?
    Mîn ungemach daz ich durch sie erliten hân,
swenn ich mit senenden sorgen alsô sêre ranc,
Sol mich daz alsô kleine wider sie vervân,
hân ich getrûret âne lôn und âne danc,   20
Sô wil ich mich gehaben baz.
waz ob ir denne lieber ist mîn fröude dan mîn trûręn?
                          ich wünsch ouch daz.
und sint ir dennę beide unmære,
sô spilte ich doch des einen gerner   dan jenes daz gar
                          verloren wære.

    Mir ist mîn erre rede enmittenzwei geslagen: 25
daz eine halbe teil ist mir verboten gar:
Daz müezen ander liute singen unde sagen.
ich sol ab iemer mîner zühte nemen war
Und wünneclîcher mâze pflegen.
umb einez, daz sie heizent êre, lâze ich vil dinges
                          under wegen: 30
mag ich des niht•mê geniezen,

möglich ist. In der vierten bereut der dichter die in der zweiten ausge-
sprochenen phantasieen, da sie anstoss erregt hatten.

stêt ez als übel ûf der strâze, sô wil ich mîne tür
besliezen.

Ouwê daz mir sô maneger missebieten sol!
daz klage ich hiute und iemer rehter hövescheit.
Ir ist doch lützel, den ir schapel stê sô wol, 35
ichn fünde in doch ein hertze werendez (?) leit,
Und wære et von in anderswâ;
wan daz ich gerne bî in bin; daz ist der schade: ich
bin et gerne dâ.
des muoz ich missebieten lîden.
iedoch swer sîne zuht behielte, dem stüende ein schapel
wol von sîden. 40

47 (L. 44,₁₁).

Mîn frouwe ist underwîlent hie;
sô guot ist si, als ich des wæne, wol;
Wan ich geschiet von ir noch nie.
ist daz ein minne dandern suochen sol,
Sô wirt si vil dicke ellende 5
mit gedanken als ich bin.
mîn lîp ist hie, sô wont bî ir mîn sin:
der wil von ir niht, dêst ein ende.
nû wolt ich daz er ir næme guote war
und mîn dar under niht vergæze. waz hilfet, tuon ich
dougen zuo? sô sehent sie durch mîn herze dar. 10

Ich lepte wol und âne nît,
wan durch der lügenære werdekeit.
Daz wirt ein langer wernder strît:
ir liep muoz iemer sîn mîn herzeleit.
Ez erbarmet mich vil sêre, 15
dazs als offenlîche gânt
und niemen guoten unverworren lânt.
unstæte, schande, sünde, unêre,
die râtent sie swâ man sie hœren wil.
ouwê daz man sie niht vermîdet! daz wirt noch maneger
frouwen schade und hât verderbet herren vil. 20

Noch dulte ich tougenlîchen haz
von einem worte daz ich wîlent sprach.
Waz mac ichs, zürnents umbe daz?
ich wil jehen des ich wîlent jach.
Ich sanc von der rehten minne,   25
daz si wære sünden frî.
der valschen der gedâhte ich ouch dâ bî,
und rieten . . mîne sinne
daz ich sie hieze unminne.   daz tet ich.
nû vêhent mich ir undertâne.   als helfe iu got, werde ich
     vertriben,   ir frouwen, sô behaltet mich.   30

Mac ieman deste wîser sîn,
daz er an sîner rede vil liute hât,
Daz ist an mir kleine schîn.
ez gât diu werlt wol halbe an mînen rât,
Und bin ich iedoch verirret,   35
daz ich lützel hie zuo kan.
Ez mac wol helfen einem andern man,
ich merke wol daz ez mir wirret,
und wil die friunt nû baz erkennen mê
die guote mære niht verkêrent.   wil ieman lôser mit mir
     reden,   ichn mac, mir tuot daz houbet wê.   40

48 (L. 73,₂₃).

Die mir in dem winter fröude hânt benomen,
sie heizen wîp, sie heizen man,
Disiu sumerzît diu müez in baz bekomen.
ouwê daz ich niht fluochen kan!
Leider ich enkan niht mêre   5
wan daz übel wort 'unsælic.' neinâ! daz wær alze sêre.
   Zwêne herzelîche flüeche kan ich ouch:
die fluochent nâch dem willen mîn.
Hiure müezens beide esel und den gouch
gehœren ê si enbizzen sîn.   10
Wê in denne, den vil armen!

    47,₂₁. Diese und die folgende strophe sind nur in E überliefert,
daher die textherstellung misslich. Es findet eine rückbeziehung auf
3,₂₅ statt.

wesse ich obe siez noch geruwe, ich wolde mich durch
                                        got erbarmen.
    Man sol sîn gedultic wider ungedult:
daz ist den schamelôsen leit.
Swen die bœsen hazzent âne sîne schult,   15
daz kumt von sîner frümekeit.
Trœstet mich diu guote alleine,
diu mich wol getrœsten mac, sô gæbe ich umbe ir nîden
                                        kleine.
    Ich wil al der werlte sweren umb ir lîp:
den eit sol si wol vernemen: 20
Sî mir ieman lieber, maget oder wîp,
diu helle müeze mir gezemen.
Hât si nû deheine triuwe,
sô getrûwet si dem eide und entstêt mîns herzen riuwe.
    Herren unde friunt, nû helfet an der zît: 25
daz ist ein ende, ez ist alsô:
In behalde mînen minneclîchen strît,
ja enwirde ich niemer rehte frô.
Mînes herzen tiefiu wunde
diu muoz iemer offen stên, si enküsse mich mit friundes
mînes herzen tiefiu wunde   [munde. 30
diu muoz iemer offen stên, si enheiles ûf und ûz von
mînes herzen tiefiu wunde   [grunde.
diu muoz iemer offen stên, sin werde heil von Hiltegunde.

49 (L. 62,₆).

Ob ich mich selben rüemen sol,
sô bin ich des ein hübescher man,
Daz ich sô mange unfuoge dol
sô wol als ichz gerechen kan.
Ein   klôsenære, ob erz vertrüege? ich wæne, er nein. 5
hæt er die stat als ich sie hân,
bestüende in danne ein zörnelîn,
ez würde unsanfter widertân.

<hr>

48,₃₄. Hiltegunde ist nicht der wirkliche name der geliebten,
sondern der dichter gibt ir den namen mit rücksicht auf seinen eigenen,
indem er auf das verhältniss zwischen Walther und Hiltegunde in der
deutschen heldensage anspielt.

wie sanfte ichz alsô lâze sîn!
daz   und ouch mê vertrage ich doch durch eteswaz. 10
   Frouwe, ir habt mir geseit alsô,
swer mir beswære mînen muot,
Daz ich den mache wider frô:
er schame sich lîhte und werde guot.
Diu   lêre, ob si mit triuwen sî, daz schîne an iu. 15
ich fröuwe iuch, ir beswæret mich:
des schamt iuch, ob ichz reden getar,
lât iuwer wort niht velschen sich,
und werdet guot: sô habt ir wâr.
vil   guot sît ir, wan daz ich guot von güete wil. 20
   Frouwe, ir sît schœne und sît ouch wert:
den zwein stêt wol genâde bî.
Waz schadet iu daz man iuwer gert?
joch sint iedoch gedanke frî.
Wân   unde wunsch daz wolde ich allez ledic lân: 25
höveschent mîne sinne dar,
waz mag ichs, gebents iu mînen sanc?
des nemet ir lîhte niender war:
sô hân ichs doch vil hôhen danc.
treit   iuch mîn lop ze hove, daz ist mîn werdekeit. 30
   Frouwe, ir habet ein werdez tach
an iuch geslouft, den reinen lîp.
Wan ich nie bezzer kleit gesach.
ir sît ein wol bekleidet wîp.
Sin   unde sælde sint gesteppet wol dar in.   35
getragene wât ich nie genam:
dise næm ich als gerne ich lebe.
der keiser würde ir spileman,
umb alsô wünneclîche gebe.
dâ   keiser, spil! nein, herre keiser, anderswâ!   40

     50 (L. 63,₈).
Die verzagten aller guoten dinge
wænent daz ich mit in sî verzaget:
Ich hân trôst daz mir noch fröude bringe
der ich mînen kumber hân geklaget.
Obe mir liep von der geschiht,   5
sô enruoche ich wes ein bœser giht.

Nît den wil ich iemer gerne lîden.
frouwe, dâ solt dû mir helfen zuo,
Daz sie mich von schulden müezen nîden,
sô mîn liep in herzeleide tuo.   10
Schaffe daz ich frô gestê:
so ist mir wol, und ist in iemer wê.
    Friundîn unde frouwen in einer wæte
wolte ich an iu einer gerne sehen,
Ob ez mir sô rehte sanfte tæte   15
alse mir mîn herze hât verjehen.
Friundîn dast ein süezez wort:
doch sô tiuret frouwe unz an daz ort.
    Frouwe, ich wil mit hôhen liuten schallen,
werdent diu zwei wort mit willen mir: 20
Sô lâz ouch dir zwei von mir gevallen,
dazs ein keiser kûme gæbe dir.
Friunt und geselle diu sint dîn:
sô sî friundîn unde frouwe mîn.

51 (L. 58,₂₁),

Die zwîvelære sprechent, ez sî allez tôt,
ezn lebe nû nieman der iht singe.
Nû mügen sie doch bedenken die gemeinen nôt,
wie al diu werlt mit sorgen ringe.
Kumpt sanges tac, man hœret singen unde sagen: 5
man kan noch wunder.
ich hôrte ein kleine vogellîn daz selbe klagen:
daz tet sich under:
'ich singe niht, ez welle tagen.'
    Die lôsen scheltent guoten wîben mînen sanc,   10
und jehent daz ich ir übel gedenke.
Sie pflîhten alle wider mich und haben danc:
er sî ein zage, der dâ wenke.
. . . . . swer tiuschen wîben ie gespræche baz!
wan daz ich scheide   15
die guoten von den bœsen. seht, daz ist ir haz.
lobt ich sie beide
gelîche wol, wie stüende daz?

Ich bin iu eines dinges holt, haz unde nît,
sô man iuch ûz ze boten sendet,   20
Daz ir sô gerne bî den biderben .. sît
und daz ir iuwern herren schendet.
Ir spehere, sô ir niemen stæten müget erspehen,
den ir verkêret,
sô hebt iuch heim in iuwer hûs; ez muoz geschehen, 25
daz ir unêret
verlogenen munt und twerhez sehen.

Der alsô guotes wîbes gert als ich dâ ger,
wie vil der tugende haben solte!
Nun hân ich leider niht dâ mite ich sie gewer,   30
wan obs ein lützel von mir wolte.
Zwô tugende hân ich, der sie wîlent nâmen war,
scham unde triuwe.
die schadent nû beide sêre. schaden nû alsô dar!
ich bin niht niuwe: 35
dem ich dâ gan, dem gan ich gar.
    Ich wânde daz si wære missewende frî:
nû sagent sie mir ein ander mære,
Sie jehent daz niht lebendes âne wandel sî:
so ist ouch mîn frouwe wandelbære.   40
Ichn kan ab niht erdenken waz ir missestê,
wan ein vil kleine:
si schadet ir vînden niht, und tuot ir friunden wê.
lât si daz eine,
swie vil ich suoche, ichn vindes mê.   45
    Ich hân iu gar gesaget waz ir missestât:
zwei wandel hân ich iu genennet.
Nû sult ir ouch vernemen waz si tugende hât:
der sint ouch zwô, daz irs erkennet.
Ich seit iu gerne tûsent: irn ist niht mê dâ,   50
wan schœne und êre.
die hât si beide vollechîche. „hât si?" jâ.
„waz wil si mêre?
hiest wol gelobt: lobe anderswâ."

52 (L. 56,14).

Ir sult sprechen willekomen:
der iu mære bringet, daz bin ich.
Allez daz ir habt vernomen,
daz ist gar ein wint: nû frâget mich.
Ich wil aber miete: 5
wirt mîn lôn iht guot,
ich sage iu vil lîhte daz iu sanfte tuot.
seht waz man mir êren biete.

  Ich wil tiuschen frouwen sagen
solhiu mære daz sie deste baz   10
Al der werlte suln behagen:
âne grôze miete tuon ich daz.
Waz wold ich ze lône?
sie sint mir ze hêr:
sô bin ich gefüege, und bite sie nihtes mêr   15
wan daz sie mich grüezen schône.

  Ich hân lande vil gesehen
unde nam der besten gerne war:
Übel müeze mir geschehen,
künde ich ie mîn herze bringen dar   20
Daz im wol gevallen
wolde fremeder site.
nû waz hülfe mich, ob ich unrehte strite?
tiuschiu zuht gât vor in allen.

  Von der Elbe unz an den Rîn   25
und her wider unz an Ungerlant
Sô mügen wol die besten sîn,
die ich in der werlte hân erkant.
Kan ich rehte schouwen
guot gelâz unt lîp,   30
sem mir got, sô swüere ich wol daz hie diu wîp
bezzer sint danne ander frouwen.

  Tiusche man sint wol gezogen,
rehte als engel sint diu wîp getân.
Swer sie schildet, derst betrogen: 35
ich enkan sîn anders niht verstân.
Tugent und reine minne,
swer die suochen wil,

der sol komen in unser lant: da ist wünne vil:
lange müeze ich leben dar inne!   40

Der ich vil gedienet hân
und iemer mêre gerne dienen wil,
Diust von mir vil unerlân:
iedoch sô tuot si leides mir sô vil.
Si kan mir versêren   45
herze und den muot.
nû vergebez ir got dazs an mir missetuot.
her nâch mac si sichs bekêren.

53 (L. 60,3̈4).

Ich wil nû teilen, ê ich var,
mîn varnde guot und eigens vil,
Das iemen dürfe strîten dar,
wan den ichz hie bescheiden wil.
Al mîn ungelücke wil ich schaffen jenen   5
die sich hazzes unde nîdes gerne wenen,
dar zuo mîn unsælikeit.
mîne swære
haben die lügenære.
mîn unsinnen   10
schaff ich den die mit valsche minnen,
den frouwen nâch herzeliebe senendiu leit.
   Nû bîtet, lât mich wider komen.
ich weiz der wîbe willen wol:
Ich hân ein mære von in vernomen,   15
dâ mite ich manege erwerben sol.
Ich wil lîp und êre und al mîn heil verswern:
wie künde sich deheiniu danne mîn erwern?
nein ich weizgot, swaz ich sage.
got der solte   20
rihten, obe er wolte,
die sô swüeren,

────────
53,₁ ff. Wir werden uns diese beiden strophen so vorgetragen denken
müssen, dass sich der dichter, nachdem er mit der ersten fertig ist, zum
weggang wendet, dann aber wider umkehrt und von neuem beginnt. Ein
lied in dem gleichen tone siehe unter 95.

daz in diu ougen ûz gefüeren
und sich doch einest stiezen in dem tage.

Mir ist liep daz si mich klage   25
ze mâze als ez ir schône stê;
Ob man ir mære von mir sage,
daz ir dâ von sî sanfte wê.
Si sol iemer mêre durch den willen mîn
ungefüege swære und fröude lâzen sîn: 30
daz stêt senenden frouwen wol,
als ichz meine.
dar ahtent jene vil kleine,
die sich des flîzent
daz sie den munt sô sêre bîzent   35

. . . .

54 (L. 39,₁).

Uns hât der winter geschat über al:
heide unde walt diu sint beidiu nû val,
dâ manic stimme vil suoze inne hal.
sæhe ich die megde an der strâze den bal
werfen! sô kæme uns der vogele schal.   5
    Möhte ich verslâfen des winteres zît!
wache ich die wîle, sô hân ich sîn nît,
daz sîn gewalt ist sô breit und sô wît.
weizgot er lât doch dem meien den strît:
sô lise ich bluomen dâ rîfe nû lît.   10

55 (L. 75,₂₅).

Diu werlt was gelf, rôt unde blâ,
grüen in dem walde und anderswâ:

54,₁. E lässt die folgenden beiden strophen vorangehen: *Wölt der
winter schier zergan   so liez ich alle min sorge die ich han   anders hat er
mir niht getan   wenne daz er lenget den lieben wan   mir sol ein fraude
mitten in dem meyen entstan.   Ich wünsche daz der winter zerge   wenne er
en hat fraude niht me   wenne kalten wint und dor zuo regen unde sne   daz
ţuot den augen unsanfte we   selic si gruene laup unde cle.* Auf 54,₁₀ folgt
dann: *Swaz mir nu wirret des wirt allez rat   swie mir der muot bi der erden
nu stat   noch kummet die zit daz er in die sunnen gat   tuot man daz man
mir gelobet hat   owe wie hohe denne min hertze stat.*   55,₁. Ueber dies
lied vgl. Bechstein, Germ. XV, 434.

die kleinen vogele sungen dâ.
nû schrîet aber diu nebelkrâ.
pfligt si iht ander varwe? jâ: 5
sist worden bleich und übergrâ.
des rimpfet sich vil manic brâ.

    Ich saz ûf eime grüenen lê:
da ensprungen bluomen unde klê
zwischen mir und eime sê.   10
der ougenweide ist dâ niht mê.
dâ wir schapel brâchen ê,
dâ lît nû rîfe und ouch der snê.
daz tuot den vogellînen wê.

    Die tôren sprechent snîâ snî,   15
die armen liute ouwê ouwî.
des bin ich swære alsam ein blî.
der wintersorge hân ich drî:
swaz der und der andern sî,
der würde ich alse schiere frî,   20
wær uns der sumer nâhe bî.

    Ê danne ich lange lebt alsô,
den krebz wolt ich ê ezzen rô.
sumer, mache uns aber frô.
dû ziertest anger unde lô.   25
mit den bluomen spilte ich dô,
mîn herze swebte in sunnen hô:
daz jaget der winter in ein strô.

    Ich bin verlegen als Êsaû:
mîn sleht hâr ist mir worden rû.   30
süezer sumer, wâ bist dû?
jâ sæhe ich gerne veltgebû.
ê daz ich lange in solher drû
beklemmet wære als ich bin nû,
ich würde ê münech ze Toberlû.   35

56 (L. 114,₂₃).

Der rîfe tet den kleinen vogelen wê,
daz sie niht ensungen.
Nû hœrt irs aber wünneclîch als ê,
nu ist diu heide entsprungen.

Dâ sach ich bluomen srîten wider den [grüenen] klê, 5
weder ir lenger wære.
mîner frouwen seit ich disiu mære.
  Uns hât der winter kalt und ander nôt
vil getân ze leide.
Ich wânde daz ich iemer bluomen rôt   10
gesæhe an grüener heide.
Joch schatte ez guoten liuten, wære ich tôt,
die nâch fröuden rungen
und die gerne tanzten unde sprungen.
  Versûmde ich disen wünneclîchen tac,   15
sô wær ich verwâzen,
Und wære an fröude ein angeslîcher slac.
dennoch müese ich lâzen
Al mîne fröude der ich wîlent pflac.
got gesegen iuch alle: 20
wünschet noch daz mir ein heil gevalle.

57 (L. 94,11).

Dô der sumer komen was
und die bluomen durch daz gras
wünneclîchen sprungen,
aldâ die vogele sungen,
dar kom ich gegangen   5
an einen anger langen,
dâ ein lûter brunne entspranc:
vor dem walde was sîn ganc,
dâ diu nahtegale sanc.
  Bî dem brunnen stuont ein boum: 10
dâ gesach ich einen troum,
ich was zuo dem brunnen
gegangen von der sunnen,
daz diu linde mære
den küelen schaten bære.   15
bî dem brunnen ich gesaz,
mîner swære ich gar vergaz,
schiere entslief ich umbe daz.
  Dô bedûhte mich zehant
wie mir dienten elliu lant,   20

wie mîn sêle wære
ze himel âne swære,
und wie der lîp solte
gebâren swie er wolte.
dâne was mir niht ze wê. 25
got der waldes, swiez ergê:
schœner troum enwart nie mê.
　Gerne sliefe ich iemer dâ,
wan ein unsæligiu krâ
diu begonde schrîen. 30
daz alle krâ gedîen
als ich in des günne!
si nam mir michel wünne.
von ir schrîenne ich erschrac.
wan daz dâ niht steines lac, 35
sô wær ez ir suontac.
　Wan ein wunderaltez wîp
diu getrôste mir den lîp.
die begond ich eiden.
nû hât si mir bescheiden 40
waz der troum bediute.
daz hœret, lieben liute.
zwêne und einer daz sint drî;
dannoch seite̥ si mir dâ bî
daz mîn dûme ein vinger sî. 45

58 (L. 43,9).

Ich hœre iu sô vil [der] tugende jehen,
daz iu mîn dienest iemer ist bereit.
Enhæt ich iuwer niht gesehen,
daz schatte mir an mîner werdekeit.
Nû wil ich [iemer] deste tiurre sîn, 5
und bite iuch, frouwe,　daz ir iuch underwindet mîn.
ich lebete gerne, kunde ich leben:
mîn wille ist guot, nû bin ich tump:　nû sult ir mir
　'Kund ich die mâze als ich enkan,　[die mâze geben.
sô wære ich zer werlte ein sælic wîp. 10
Ir tuot als ein wol redender man,
daz ir sô hôhe tiuret mînen lîp.

Ich bin noch tumber danne ir sît.
waz dar umbe?   doch wil ich scheiden disen strît.
tuot ir alrêrst des ich iuch bite,   15
und saget mir der manne muot: sô lêre ich iuch der
  Wir wellen daz diu stætekeit   [wîbe site.'
iu guoten wîben gar ein krône sî.
Kunnet ir mit zühten sîn gemeit,
sô stêt diu lilje wol der rôsen bî.   20
Nû merket wie der linden stê
der vogele singen,   dar under bluomen unde klê:
noch baz stêt wîben werder gruoz.
ir minneclîcher redender munt   der machet daz man'n
                                 küssen muoz.
  'Ich sage iu wer uns wol behaget: 25
der beide erkennet übel unde guot
Und ie daz beste von uns saget,
dem sîn wir holt, ob erz mit triuwen tuot.
Kan er ze rehte ouch wesen frô
und sîn gemüete   ze mâze tragen nider und hô, 30
der mac erwerben swes er gert:
welch wîp verseit im einen vaden?   guot man ist
                                guoter sîden wert.'

59 (L. 118,₁₂).

Wer gesach ie bezzer jâr?
wer gesach ie schœner wîp?
Daz entrœstet niht ein hâr
einen unsæligen lîp.
Wizzet, swem der anegenget an dem morgen fruo, 5
deme gêt ungelücke zuo.
  Ich wil einer helfen klagen,
der ouch frœude zæme wol,
Daz in alsô valschen tagen
schœne tugent verliesen sol.   10
Hie vor wær ein lant gefröut umb ein sô schœne wîp:
waz sol der nû schœner lîp?

60 (L. 121,₃₃).

Die grîsen wolten michs überkomen,
diu werlt gestüende trûreclîcher nie
Und hete an fröuden abe genomen.
doch streit ich zornéclîche wider sie,
Sie möhtens wol gedagen,   5
ez würde niemer wâr.
mir was ir rede swâr.
sus streit ich mit den alten:
die hânt den strît behalten
nû lenger denne ein jâr.   10
    Mîn ouge michel wunder siht,
die ez vil wirs verdienen kunnen denn ich,
Daz den sô schœne heil geschiht.
ouwê Werlt, wie kumt ez umbe dich!
Ist got solch ebenære?   15
er gît dem einen sin,
dem andèrn gewin:
sô wæne ich alsô mære
ein rîcher tôre wære
sô rîch ich armer bin.   20
    Hie vor, dôs alle wâren frô,
dô wolte nieman hœren mîne klage:
Nû ist sümelîchen sô
daz sie mir wol geloubén swaz ich in sage.
Nû müeze got erwenden   25
unser arebeit,
und gebe uns sælekeit,
daz wir die sorge swenden.
ouwê möht ichz verenden!
ich hân ein sunder leit.   30

61 (L. 90,₁₅).

Âne liep sô manic leit,
    wer möhte daz erlîden iemer mê?
wær ez niht unhövescheit,
    sô wolt ich schrîen 'sê, gelücke, sê!'

Gelücke daz enhœret niht 5
und selten ieman gerne siht,
swer triuwe hât.
ist ez alsô, wie sol mîn [danne] iemer werden rât?
  Wê wie jâmerlîch gewin
tegelîch vor mînen ougen vert! 10
deich sô gar ertœret bin
mit mîner zuht, und mir daz nieman wert!
Mit den getriuwen alten siten
ist man nû zer werlte vershiten.
êr unde guot 15
hât nû lützel ieman wan der übele tuot.
  Daz die man als übele tuont,
dast gar der wîbe schult: dêst leider sô.
Hie vor, do ir muot ûf êre stuont,
dô was diu werlt ûf ir genâde frô. 20
Hei wie wol man in dô sprach,
dô man die fuoge an in gesach!
nû siht man wol
daz man ir minne mit unfuoge erwerben sol.
  Lât mich zuo den frouwen gân: 25
sô ist daz mîn aller meiste klage,
So ich ie mêre zühte hân,
sô ich ie minre werdekeit bejage.
Sie swachent wol gezogenen lîp,
ezn sî ein wol bescheiden wîp: 30
der meine ich niht:
diu schamt sich des, swâ iemer wîbes schame geschiht.
  Reiniu wîp und guote man,
swaz der lebe, die müezen sælic sîn.
Swaz ich den gedienen kan, 35
daz tuon ich, daz sie gedenken mîn.
Hie mite sô künd ich in daz:
diu werlt enstê dan schiere baz,
sô wil ich leben
sô ich beste mac und mînen sanc ûf geben. 40

62 (L. 44,35).

Die herren jehent, man sülz den frouwen
wîzen daz diu werlt sô stê.
sie sehent niht frœlîch ûf als ê,
sie wellent alze nider schouwen.
Ich habe ouch die rede gehœret: 5
sie sprechent, daz in fröude stœret,
sie sîn mê dan halbe verzaget
Beidiu lîbes unde guotes,
niemen helfe in hôhes muotes.
wer sol rihten? hiest geklaget.   10

   Ein frouwe wil ze schedelîche
schimpfen, ich habe ûz gelobet.
si tumbet, obe si niht entobet.
jon wart ich lobes noch nie sô rîche?
Törst ich vor den wandelbæren,   15
sô lobte ich die ze lobenne wæren.
des enhaben deheinen muot,
Ichn gelobe sie niemer alle,
swiez den lôsen missevalle,
siene werden alle guot.   20

   Ich weiz sie diu daz niht ennîdet,
daz man nennet reiniu wîp.
sô rehte reine sôst ir lîp,
daz si der guoten lop wol lîdet.
Er engap ir niht ze kleine,   25
der sie geschuof, schœn unde reine.
der diu zwei zesamne slôz,
Wie gefuoge er kunde sliezen!
er solt iemer bilde giezen,
der daz selbe bilde gôz.   30

   Sich krenkent frouwen unde pfaffen,
daz sie sich niht scheiden lânt.
die den verschampten bî gestânt,
die wellent lîhte ouch mit in schaffen.

.   .   .   .   35

.   .   .   .

wê daz zwên als edele namen
Mit den schamelôsen werbent!
sicherlîche sie verderbent,
siene wellens sich erschamen.   40

63 (L. 47,36).

Hie vor, dô man sô rehte minneclîchen warp,
dô wâren mîne sprüche fröuden rîche:
Sît daz diu minneclîche minne alsô verdarp,
sît sanc ouch ich ein teil unminneclîche.
Iemer als ez danne stât,   5
alsô sol man danne singen.
swenne unfuoge nû zergât,
sô sing aber von höfschen dingen.
noch kumpt fröude und sanges tac:
wol im, ders erbeiten mac!   10
derz gelouben wolte,
so erkande ich wol die fuoge,   wenn unde wie man
                                          singen solte.
    Zwô fuoge hân ich doch, swie ungefüege ich sî:
der hân ich mich von kinde her vereinet.
Ich bin den frôn bescheidenlîcher fröude bî,   15
und lache ungerne swâ man bî mir weinet.
Durch die liute bin ich frô,
durch die liute wil ich sorgen:
ist mir anders danne alsô,
waz dar umbe? ich wil doch borgen.   20
swie sie sint sô wil ich sîn,
daz sie niht verdríeze mîn.
manegem ist unmære
swaz einem andern werre: der sî ouch bî den liuten
                                          swære.
    Ich sage iu waz uns den gemeinen schaden tuot: 25
diu wîp gelîchent uns ein teil ze sêre.
Daz wir in alsô liep sîn übel alse guot,
seht, daz gelîchen nimet uns fröude und êre.
Schieden uns diu wîp als ê,
daz sie sich ouch liezen scheiden,   30
daz gefrumte uns iemer mê,

mannen unde wîben, beiden.
waz stêt übel, waz stêt wol,
sît man uns niht scheiden sol?
edeliu wîp, gedenket   35
daz ouch die man waz kunnen: gelîchents iuch, ir sît
                                    gekrenket.

Wîp muoz iemer sîn der wîbe hôhste name,
und tiuret baz dan frouwe, als ichz erkenne.
Swâ nû deheiniu sî diu sich ir wîpheit schame,
diu merke disen sanc und kiese denne.   40
Under frouwen sint unwîp,
under wîben sint sie tiure.
wîbes name und wîbes lîp
die sint beide vil gehiure.
swiez umb alle frouwen var,   45
wîp sint alle frouwen gar.
zwîvellop daz hœnet,
als under wîlen frouwe: wîp dêst ein name ders alle
                                 krœnet.
    Ich sanc hie vor den frouwen umbe ir blôzen gruoz:
den nam ich wider mîme lobe ze lône.   50
Swâ ich des geltes nû vergebene warten muoz,
dâ lobe ein ander, den sie grüezen schône.
Swâ ich niht verdienen kan
einen gruoz mit mîme sange,
dar kêr ich vil hêrscher man   55
mînen nac od ein mîn wange.
daz kît 'mir ist umbe dich
rehte als dir ist umbe mich.'
ich wil mîn lop kêren
an wîp die kunnen danken: waz hân ich von den
                           überhêren? 60

64 (L. 41,₁₃).

Ich bin als unschedelîche frô,
daz man mir wol ze lebenne gan.
Tougenlîche stât mîn herze hô:
waz touc zer werlte ein rüemic man?

Wê den selben die sô manegen schœnen lîp   5
habent ze bœsen mæren brâht!
wol mich, daz ichs hân gedâht!
ir sult sie mîden, guotiu wîp.

   Ich wil guotes mannes werdekeit
vil gerne hœren unde sagen.   10
Swer mir anders tuot, daz ist mir leit:
ich wilz ouch allez niht vertragen.
Rüemære unde lügenære, swâ die sîn,
den verbiute ich mînen sanc,
und ist âne mînen danc,   15
obs alsô vil geniezen mîn.

   Maneger trûret, dem doch liep geschiht:
ich hân ab iemer hôhen muot,
Und enhabe doch herzeliebes niht.
daz ist mir alsô lîhte guot.   20
Herzeliebes, swaz ich des noch ie gesach,
dâ was herzeleide bî.
liezen mich gedanke frî,
son wiste ich niht umb ungemach.

   Als ich mit gedanken irre var,   25
sô wil mir maneger sprechen zuo:
Sô swîg ich und lâze in reden dar.
waz wil er anders daz ich tuo?
Hete ich ougen oder ôren danne dâ,
sô kund ich die rede verstân: 30
swenn ich ir beider niht enhân,
son kan ich nein, son kan ich jâ.

   Ich bin einer der nie halben tac
mit ganzen fröuden hât vertriben.
Swaz ich fröuden ie dâ her gepflac,   35
der bin ich eine hie beliben.
Nieman kan hie fröude vinden, si zergê
sam der liehten bluomen schîn:
dâ von sol daz herze mîn
niht senen nâch valschen fröuden mê.   40

65 (L. 111,22).

Ein man verbiutet âne pfliht
ein spil, dés im nieman wol gevolgen mac.
Er gihet, swenne ein wîp ersiht
sin ouge, daz si sî sîn ôsterlicher tac.
Wie wære uns andern liuten .sô geschehen   5
soltẹn wir im alle sînes willen jehen?
ich bin der imez versprechen muoz:
bezzer wære mîner frouwen senfter gruoz.
deist mates buoz.

'Ich bin ein wîp dâ her gewesen   10
sô stæte an êren und ouch alsô wol gemuot:
Ich trûwe ouch noch vil wol genesen,
daz mir mit solhem stelne nieman [keinen] schaden tuot.
Swer küssen hie ze mir gewinnen wil,
der werbe ez mit fuoge und ander spil.   15
ist daz ez im wirt iesâ,
er muoz sîn iemer sîn mîn diep, und habe imz dâ
und anderswâ.

66 (L. 64,31).

Ouwê, hovelîchez singen,
daz dich ungefüege dœne

65,1. Parodie zweier strophen Reinmars. 1 (MF 159, 1) *Ich wirbe umb
allez daz ein man ze werltlichen fröuden iemer haben sol. daz ist ein wip
der ich enkan nâch ir vil grôzen werdekeit gesprechen wol. lob ich si sô man
ander frouwen tuot, dazn nimet eht disiu von mir niht für guot. doch swer
ich des, sist an der stat dazz ûz wiplichen tugenden nie fuoz getrat. daz ist
in mat.* 2 (MF 159, 37) *Und ist daz mirs min sælde gan deich ab ir wol
redendem munde ein küssen mac versteln, git got daz ich ez bringe dan, sô
wil ichz tougenliche tragen und iemer heln. und ist daz siz für grôze swære
hât und vêhet mich durch mîne missetât, waz tuon ich danne, unsælic man?
dâ hebe ichz ûf und legez hin wider dâ ichz dâ nam, als ich wol kan.*
Ausserdem bezieht sich Walther auf ein anderes lied Reinmars, in welchem
die zeile vorkommt (MF 170, 19) *si ist min ôsterlicher tac.* Er scheint die
äusserungen Reinmars nicht genau im gedächtniss gehabt zu haben, denn
die parodie passt nicht recht. Vielleicht ist in z. 4 zu lesen *daz daz si in
ôsterlicher tac.* Als erwiderung Reinmars auf Walthers angriff ist vielleicht
zu fassen MF 197, 3: *Waz unmâze ist daz, ob ich des hân gesworn, daz si mir
lieber si dan elliu wip?* 66,1 ff. Unter den *ungevüegen dœnen,* gegen
welche sich dies lied wendet, werden trotz Lachmanns widerspruch die tanz-
weisen Neidhards von Reuental zu verstehen sein, die eine kunstmässige,
zum teil parodierende nachbildung der bäuerischen tanzlieder waren.

Solten ie ze hove verdringen!
daz die schiere got gehœne;
Ouwê daz dîn wirde alsô geliget!   5
des sint alle dîne friunde unfrô.
daz muoz eht alsô sîn: nû sî alsô:
frô Unfuoge, ir habt gesiget.

  Der uns fröude wider bræhte,
diu reht und gefüege wære,   10
Hei wie wol man des gedæhte
swâ man von im seite mære!
Ez wær ein vil hovelîcher muot,
des ich iemer gerne wünschen sol.
frouwen unde herren zæme ez wol.   15
ouwê daz ez nieman tuot!

  Die daz rehte singen stœrent,
der ist ungelîche mêre
Danne die ez gerne hœrent.
doch volg ich der alten lêre: 20
Ich enwil niht werben zuo der mül,
dâ der stein sô riuschend umbe gât
und daz rat sô mange unwîse hât.
merket wer dâ harpfen sül.

  Die sô frevellîchen schallent,   25
der muoz ich vor zorne lachen,
Dazs in selben wol gevallent
mit als ungefüegen sachen.
Die tuont sam die frösche in eime sê,
den ir schrîen alsô wol behaget,   30
daz diu nahtegal dâ von verzaget,
sô si gerne sunge mê.

  Swer unfuoge swîgen hieze,
waz man noch von fröuden sunge!
Und sie abe den bürgen stieze,   35
daz si dâ die frôn niht twunge.
Würden ir die grôzen höve benomen,
daz wær allez nâch dem willen mîn.
bî den gebûren lieze ich sie wol sîn:
daunen ists och her bekomen.   40

67 (L. 8,4).

Jch hôrte diu wazzer diezen
  und sach die vische fliezen;
   ich sach swaz in der werlte was,
velt walt loup rôr unde gras,
swaz kriuchet unde fliuget   5
und bein zer erde biuget.
daz sach ich, unde sage iu daz:
der deheinez lebet âne haz.
daz wilt und daz gewürme
die strîtent starke stürme,   10
sam tuont die vogel under in;
wan daz sie habent einen sin:
si endiuhten sich ze nihte,
si enschüefen starc gerihte.
sie kiesent künege unde reht,   15
sie setzent herren unde kneht.
sô wê dir, tiuschiu zunge,
wie stêt dîn ordenunge,
daz nû diu mügge ir künec hât,
und daz dîn êre alsô zergât!   20
bekêrâ dich, bekêre.
die cirken sint ze hêre,

67,1 ff. Der spruch ist gedichtet, nachdem Philipp von Schwaben als
candidat für die deutsche königskrone aufgetreten war, aber vor seiner
krönung. Am 15. februar 1198 erklärte sich derselbe in Nordhausen zur
annahme einer wahl bereit (Winkelmann, Philipp von Schwaben und Otto
IV, I, 60), am 8. märz ward er zu Mühlhausen gewählt (ib. 69), am 8. sep-
tember zu Mainz gekrönt. Die *armen künege* in z. 23 sind die gegencandi-
daten, von denen sich keiner in bezug auf reichtum mit Philipp messen
konnte (vgl. Winkelmann I, 50 und 66 anm. 1). Es waren allerdings nie-
mals mehrere zu gleicher zeit förmlich aufgestellt, sondern nach einander
Bernhard von Sachsen auf der parteiversammlung zu Andernach ende 1197
(Wink. I, 55), Berthold von Zähringen zu Köln im anfang märz 1198 (ib. 70),
Otto von Poitou am 9. juni 1198. Doch wurde jedenfalls gleichzeitig an
mehrere gedacht.

die armen künege dringent dich;
Philippe setze en weisen ûf,   und heiz sie treten hinder
                                                              sich
Ich sach mit mînen ougen   25
manne und wîbe tougen,
daz ich gehôrte und gesach
swaz iemen tet, swaz iemen sprach.
ze Rôme hôrte ich liegen,
zwêne künege triegen.   30
dâ von huop sich der meiste strît
der ê was oder iemer sît,
dô sich begunden zweien
pfaffen unde leien.
daz was ein nôt vor aller nôt: 35
lîp unde sêle lac dâ tôt.
die pfaffen striten sêre;
doch wart der leien mêre.
diu swért léiten sie dernider,
und griffen zuo der stôle wider: 40
sie bienen die sie wolten,
und níht dén sie solten.
dô stôrte man diu goteshûs.
ich hôrte verre in einer klûs
vil michel ungebære: 45
dâ weinte eine klôsenære,
er klagete gote sîniu leit,
'ouwê der bâbest ist ze junc: hilf, herre, dîner
                                                    kristenheit.'

₂₅ ff. Das gedicht ist einige zeit nach dem banne des pabstes Inno-
cenz III über Philipp entstanden, der am 29. juni 1201 durch den kardinal
Guido von Präneste zu Köln verkündet wurde (vgl. O. Abel in der zeitschr.
f. d. altert. IX, 138 ff.). Es gibt eine kurze übersicht über den gang des
kampfes zwischen Otto und Philipp, die mit den beiden königen in z. 30
gemeint sind (anders Abel, der darunter Philipp und Friedrich versteht).
₄₁. *die sie wolten* Philipp und seine anhänger,   ₄₂ *den sie solten* Otto.   ₄₆.
Der *klôsenære* erscheint noch 75,₄₀ und 79,₇₃ als repräsentant desjenigen
teiles der geistlichkeit, der lediglich auf das geistige wol der kirche bedacht
ist und sich nicht in weltliche angelegenheiten einmischen mag. Es ist dabei
gewiss an keine bestimmte persönlichkeit zu denken, wie von J. Grimm und
von Opel in seiner schrift *Mîn guoter klôsenære* (Halle 1860) angenommen ist.

Ich saz ûf eime steine,
und dahte bein mit beine;   50
dar ûf satzt ich den ellenbogen;
ich hete in mîne hant gesmogen
daz kinne und ein mîn wange.
dô dâhte ich mir vil ange,
wie man zer werlte solte leben: 55
deheinen rât kond ich gegeben,
wie man driu dinc erwürbe,
der keinez niht verdürbe.
diu zwei sint êre und varnde guot,
der ietwéderz dem andern schaden tuot,   60
daz dritte ist gotes hulde,
der zweier übergulde.
die wolte ich gerne in einen schrîn.
jâ leider desn mac niht gesîn,
daz guot und werltlich êre   65
und gotes hulde mêre
zesamene in ein herze komen.
stîg unde wege sint in benomen:
untriuwe ist in der sâze,
gewalt vert ûf der strâze;   70
fride unde reht sint sêre wunt.
diu driu enhabent geleites niht,   diu zwei enwerden
                                          ê gesunt.

68 (L. 18,29).

Diu krône ist elter danne der künec Philippes sî:
dâ müget ir alle schouwen wol ein wunder bî,
wies ime der smit sô ebene habe gemachet.
Sîn keiserlîchez houbet zimt ir alsô wol,
daz sie ze rehte nieman guoter scheiden sol.   5

---

49 ff. Die schilderung der zustände passt nicht bloss auf die zeit
kurz nach dem tode Heinrichs VI, in die man den spruch gewöhnlich setzt,
sondern eben so gut auf die spätere des kampfes zwischen Philipp und Otto.
In der im anfang geschilderten stellung ist Walther in der Pariser nnd
Weingardtner handschrift abgebildet.   68,1 ff. bezieht sich höchst wahr-
scheinlich auf die erste krönung Philipps (8. sept. 1198). Die schilderung
deutet auf anwesenheit Walthers.

ir dewederz dâ daz ander niht enswachet.
Sie lachent beide ein ander an,
daz edel gesteine wider den jungen süezen man.
die ougenweide sehent die fürsten gerne.
swer nû des rîches irre gê,   10
der schouwe wem der weise ob sîme nacke stê:
der stein ist aller fürsten leitesterne.

Dô Friderîch ûz Ôsterrîch alsô gewarp,
daz er an der sêle genas und im der lîp erstarp,
dô fuort er mîne kranechen trite in derde.   15
Dô gieng ich slîchend als ein pfâwe swar ich gie,
daz houbet hanht ich nider unz ûf mîniu knie:
nû rihte ich ez ûf nâch vollem werde.
Ich bin wol ze fiure komen,
mich hât daz rîche und ouch diu krône an sich   20
wol ûf, swer tanzen welle nâch der gîgen!   [genomen.
mir ist mîner swære buoz:
êrste wil ich ebene setzen mînen fuoz
und wider in ein hôhgemüete stîgen.

Ez gienc eins tages als unser herre wart geborn   25
von einer maget dier im ze muoter hâte erkorn,
ze Megdeburc der künec Philippes schône.
Dâ gienc eins keisers bruoder und eins keisers kint
in einer wât, swie doch die namen drîge sint:
er truoc des rîches zepter und die krône.   30
Er trat vil lîse, im was niht gâch:
im sleich ein hôhgeborniu küneginne nâch,
rôs âne dorn, ein tûbe sunder gallen.
diu zuht was niener anderwâ:

---

1 3. Friedrich starb am 15. oder 16. april in Palästina.   20. *daz*
rîche und ouch diu krône] gemeint ist könig Philipp.   25 ff. bezieht sich
auf die weihnachtsfeier im jahre 1199, vgl. Winkelmann I, 148.   29. Die
drei namen sind *künec, keisers bruoder, keisers kint.*   33. Attribute, die
sonst der jungfrau Maria gegeben werden, legt der dichter hier der ge-
mahlinn Philipps bei, weil sie in Deutschland den namen Maria führte,
was sich anderweitig erst seit dem jahre 1208 nachweisen lässt. Sie war die
tochter des byzantinischen kaisers Isaac, und ihr eigentlicher name war Irene.

die Düringe und die Sahsen dienden alsô dâ,   35
daz ez den wîsen muoste wol gevallen.

Philippes künec, die nâhe spehenden zîhent dich,
dun sîst niht dankes milte: des bedunket mich
wie dû dâ mite verliesest michels mêre.
Dû möhtest gerner dankes geben tûsent pfunt,   40
dan drîzec tûsent âne danc. dir ist niht kunt
wie man mit gâbe erwirbet prîs und êre.
Denk an den milten Salatîn:
der jach daz küneges hende dürkel solten sîn:
sô würden sie erforht und ouch geminnet.   45
gedenke an den von Engellant,
wie tiure man den lôste durch sîne milten hant.
ein schade ist guot, der zwêne frumen gewinnet.

Der in den ôren siech von ungesühte sî,
daz ist mîn rât, der lâz den hof ze Düringen frî: 50
wan kumet er dar, dêswâr er wirt ertœret.
Ich hân gedrungen unz ich niht mê dringen mac.
ein schar vert ûz, diu ander in, naht unde tac.
grôz wunder ist daz iemen dâ gehœret.
Der lantgrâve ist sô gemuot   55
daz er mit stolzen helden sîne habe vertuot,
der iegeslîcher wol ein kenpfe wære.

---

37 ff. An freigebigkeit liess es Philipp nach den sonstigen zeug-
nissen, die wir darüber haben, nicht fehlen. Wenn es Walther hier und
70a,₁ noch nötig findet ihn dazu zu ermahnen, so muss er starke ansprüche
gestellt haben. Er vertritt dabei die allgemeinen anschauungen der dichter
des mittelalters, für die masslose freigebigkeit zum idealbilde eines fürsten
gehört. Uebrigens ist der rat beide mal ganz allgemein gehalten, und nir-
gends angedeutet, dass Walther für sich selbst grössere freigebigkeit bean-
sprucht.   46. Richard Löwenherz ist gemeint, der für ein lösegeld von
150000 mark aus der gefangenschaft Heinrichs VI befreit wurde. Er war
das ideal der spielleute seiner zeit. Roger von Hoveden sagt von ihm: *de
regno Francorum cantores et joculatores muneribus allexerat, ut de illo canerent
in plateis; et jam dicebatur ubique, quod non erat talis in orbe.*   49 ff. Vgl.
Einl. s. 11. Von einer klage des dichter, dass sein anklopfen am thüringischen
hofe nichts helfe (vgl. Lachmanns anm.) steht nichts in der strophe.
52. Ueber das *dringen* bei hofe vgl. R. Hildebrand, Germania X, 143.

mir ist sîn hôhiu fuore wol kunt:
und gülte ein fuoder guotes wînes tûsent pfunt,
dâ stüende doch niemer ritters becher lære.   60

69 (L. 20,16).

Ob ieman spreche, der nû lebe,
daz er gesæhe ie grœzer gebe,
als wir ze Wiene haben durch êre enpfangen?
Man sach den jungen fürsten geben,
als er niht langer wolte leben: 5
dâ wart mit guote wunders vil begangen.
Man gap dâ niht bî drîzec pfunden,
wan silber, als ez wære funden,
gab man hin und rîche wât.
ouch hiez der fürste durch der gernden hulde   10
die malhen von den stellen læren.
ors, als ob ez lember wæren,
vil maneger dan gefüeret hât.
ezngalt dâ nieman sîner alten schulde:
daz was ein minneclîcher rât.   15

Mir ist verspart der sælden tor;
dâ stên ich als ein weise vor;
mich hilfet niht swaz ich dar an geklopfe.
Wie möht ein wunder grœzer sîn?
ez regent bêdenthalben mîn,   20
daz mir des alles niht enwirt ein tropfe.
Des fürsten milte ûz Österrîche
fröut dem süezen regen gelîche

69,1 ff. bezieht sich auf ein grosses fest in Wien, vermutlich den
ritterschlag Leopolds VII (28. mai 1200), wozu der ausdruck *den jungen
fürsten* am besten passt; Leopold war damals 24 jahre als. Ausserdem
kann etwa noch die vermählungsfeier Leopolds im jahre 1203 in betracht
kommen. Anderer ansicht sind Simrock und Nagele (Germ. XXIV, 162).
11. unverständlich.   14. Walther spielt hier wol auf sein eigenes
früheres vergehen gegen den herzog an, vgl. einl. s. 4.   16 ff. Diese und
die folgende strophe sind nicht datierbar. Schwerlich aber sind sie ver-
fasst, bevor Walther überhaupt von Wien geschieden war, eher bei einem
späteren besuche, und zwar beide wol nicht bei dem gleichen.

beidiu liute unt ouch daz lant.
er ist ein schœne wol gezieret heide,   25
dar abe man bluomen brichet wunder.
und bræche mir ein blat dar under
sîn vil milte rîchiu hant,
sô möhte ich loben die süezen ougenweide.
hie bî sî er an mich gemant.   30

Der hof ze Wiene sprach ze mir
'Walther, ich solte lieben dir,
nû leide ich dir: daz müeze got erbarmen.
Mîn wirde diu was wîlent grôz:
dô lebte niender mîn genôz,   35
wan künec Artûses hof: sô wê mir armen!
Wâ nû ritter unde frouwen,
die man bî mir solte schouwen?
seht wie jâmerlîch ich stê.
mîn dach ist fûl, sô rîsent mîne wende.   40
mich enminnet nieman leider.
golt silber ros und dar zuo kleider
diu gab ich, unde hât ouch mê:
nun hab ich weder schappel noch gebende
noch frouwen zeinem tanze, ouwê!   45

Künc Constantîn der gap sô vil,
als ich ez iu bescheiden wil,

---

46 ff. gehört wahrscheinlich in das jahr 1213. *Der pfaffen wal* z. 57
ist die wahl Friedrichs II, die am 5. dec. 1212 zu Frankfurt stattfand, nach-
dem sie bereits auf einer versammlung zu Nürnberg im sept. 1211 be-
schlossen war. Hierzu war die anregung durch ein manifest des pabstes
gegeben (vgl. Winkelmann II, 255). Friedrich wird von seinen gegnern als
pfaffenkönig (*rex presbyterorum*) verspottet, und bezeichnet sich selbst als
könig von gottes und des pabstes gnaden. Lachmann bezieht in den späte-
ren ausgaben *der pfaffen wal* auf die wahl Ottos IV, an der aber der pabst
gar nicht beteiligt war, Wilmanns auf die entscheidung des pabstes zu
gunsten Ottos IV im jahre 1201, die aber doch nicht als eine wahl bezeich-
net werden kann. — Haupt vergleicht eine randbemerkung in einer Wiener
handschrift von einer hand des 13. jahrh.: *Legitur, quod eo die, quo a Con-
stantino dotata est ecclesia, audita est vox angelica, dicens 'hodie infusum est
venenum in ecclesia, quia major est dignitate et minor religione*. Vgl. ferner

dem stuol ze Rôme, sper kriuz unde krône.
Zehant der engel lûte schrê
'ouwê, ouwê, zem dritten wê!
è stuont diu kristenheit mit zühten schône: 50
Der ist ein gift nû gevallen,
ir honec ist worden zeiner gallen.
daz wirt der werlt her nâch vil leit.'
alle fürsten lebent nû mit êren,   55
wan der hœhste ist geswachet:
daz hât der pfaffen wal gemachet.
daz sî dir, süezer got, gekleit.
die pfaffen wellent leien reht verkêren.
der engel hât uns wâr geseit.   60

Nû wachet! uns gêt zuo der tac,
gein dem wol angest haben mac
ein ieglich kristen, juden unde heiden.
Wir hân der zeichen vil gesehen,
dar an wir sîne kunft wol spehen,   65
als uns diu schrift mit wârheit hât bescheiden.
Diu sunne hât ir schîn verkêret.
untriuwe ir sâmen ûz gerêret
allenthalben zuo den wegen;
der vater bî dem kinde untriuwe vindet,   70
der bruoder sînem bruoder liuget;
geistlich leben in kappen triuget,
die uns ze himel solten stegen;

Hermann v. Fritzlar (Pfeiffer, Mystiker I, 43): *dô wart ein stimme gehôrt uber
alles Rôme, die sprach: hûte ist die galle und die vergift gegozzen in die hei-
ligen kristenheit, und wizzet, daz diz ist noch ein wurzele und ein grundfeste
alles kriges zwischen den bôbisten und den keisern.* Die schenkung Constantins
wird auch 79,₆₉ als unheilvoll bezeichnet. Man vgl. die pläne auf die
kirchengüter, welche dem kaiser Otto IV zugeschrieben wurden (Winkel-
mann II, 293). ₆₁ ff. Ueber die datierung vgl. Zarncke, Beitr. zur gesch.
der deutschen spr. u. lit. VII, 597. Zarncke bestimmt die sonnenfinsterniss,
auf die z. 67 angespielt wird, nach astronomischen berechnungen als die vom
27. nov. 1201. Es sind dabei aber nur die verfinsterungen bis zum jahre
1207 in betracht gezogen. Die möglichkeit, dass der spruch einer noch
späteren zeit angehört, darf nicht ohne weiteres von der hand gewiesen
werden.

gewalt gêt ûf, reht vor gerihte swindet.
wol ûf! hie ist ze vil gelegen.   75

Ich hœre des die wîsen jehen,
daz ein gerihte sül geschehen,
daz nie deheinez mê wart alsô strenge.
Der rihtær sprichet sâ zehant
'gilt âne borg und âne pfant.'   80
dâ wirt des mannes rât vil kurz und enge.
Daz hilf mir, frouwe, hie besorgen,
sît daz dort nieman wil borgen,
durch die hœhsten fröude dîn,
die dir der heilige engel ze ôren brâhte,   85
dô er dir ze tragenne kunde
dâ von sich dîn fröude erzunde
und unser werndez heil sol sîn.
der dir der fröude von alrêrste gedâhte,
des trôst sî an dem ende mîn.   90

Sô wê dir, Werlt, wie übel dû stêst!
waz 'dinge dû alzan begêst,
diu von dir sint ze lîdenne ungenæme!
Dû bist vil nâch gar âne scham.
got weiz wol, ich bin dir gram: 95
dîn art ist elliu worden widerzæme.
Waz êren hâst uns her behalten?
nieman siht dich fröuden walten,
als man ir doch wîlent pflac.
wê dir, wes habent diu milten herze engolten?   100
für diu lopt man die argen rîchen.
Werlt dû stêst sô lasterlîchen,
daz ichz niht betiuten mac.
triuwe und wârheit sint vil gar bescholten:
daz ist ouch aller êren slac.   105

Ez troumte, des ist manic jâr,
ze Babilône, daz ist wâr,

---

dem künege, ez würde bœser in den rîchen.
Die nû ze vollen bœse sint,
gewinnent die noch bœser kint,   110
jâ herre got, wem sol ich diu gelîchen?
Der tievel wær mir niht sô smæhe,
quæme er dar dâ ich in sæhe,
sam des bœsen bœser barn.
von dér geburt enkumt uns frum noch êre.   115
die sich selben sô verswachent
und ir bôsen bœser machent,
ân erben mûezen sie vervarn.
daz tugendelôser herren werde iht mêre,
daz solt dû, herre got, bewarn.   120

Die veter habent ir kint erzogen,
dar ane sie bêde sint betrogen:
sie brechent dicke Salomônes lêre.
Der sprichet, swer dén besemen spar,
daz der den sun versûme gar: 125
des sint sie ungebachen und ân êre.
Hie vor dô was diu werlt sô schœne,
nû ist si worden alsô hœne.
des enwas niht wîlent ê.
die jungen habent die alten sô verdrungen.   130
nû spottet alsô dar der alten!
ez wirt iu selben noch behalten:
beitet unz iuwer jugent zergê:
swaz ir nû tuot, daz rechent iuwer jungen.
daz weiz ich wol, und weiz noch mê.   135

Wer zieret nû der êren sal?
der jungen ritter zuht ist smal:
sô pflegent die knehte gar unhübescher dinge
Mit worten und mit werken ouch.
swer zühte hât, der ist ir gouch.   140
nemt war wie gar unfuoge für sich dringe.
Hie vor dô berte man die jungen,

---

123. Sprüche Salomonis 13, 24.

die dâ pflâgen frecher zungen:
nû ist ez ir werdekeit.
sie schallent unde scheltent reine frouwen.   145
wê ir hiuten und ir hâren,
die niht kunnen frô gebâren
sunder wîbe herzeleit!
dâ mac man sünde bî der schande schouwen,
die maneger ûf sich selben leit.   150

Swer âne vorhte, herre got,
wil sprechen dîniu zehen gebot,
und brichet diu, daz ist niht rehtiu minne.
Dich heizet vater menege vil:
swer mîn ze bruoder niht enwil,   155
der spricht diu starken wort ûz krankem sinne.
Wir wahsen ûz gelîchem dinge:
spîse frumet uns, diu wirt ringe,
sô si durch den munt gevert.
wer kan den herren von dem knehte scheiden,   160
swa er ir gebeine blôzez fünde,
het er ir joch lebender künde,
sô gewürme daz fleisch verzert?
im dienent kristen juden unde heiden,
der elliu lebendiu wunder nert.   165

Swer houbetsünde unt schande tuot
mit sîner wizzende umbe guot,
sol man den für einen wîsen nennen?
Swer guot von disen beiden hât,
swerz an im weiz unt sichs verstât,   170
der sol in zeinem tôren baz erkennen.
Der wîse minnet niht sô sêre,
alsam die gotes hulde und êre:
sîn selbes lîp, wîp unde kint,
diu lât er ê er disiu zwei verliese.   175
er tôre, er dunket mich niht wîse,
und ouch der sîn êre prîse:
ich wæn sie beide tôren sint.

er gouch, swer für diu zwei ein anderz kiese!
der ist an rehten witzen blint.   180

Junc man, in swelher aht dû bist,
ich wil dich lêren einen list.
dû lâ dir niht ze wê sîn nâch dem guote,
Lâ dirz ouch niht zunmære sîn.
und volges dû der lêre mîn,   185
sô wis gewis, ez frumt dir an dem muote.
Die rede wil ich dir baz bescheiden.
und lâst dû dirz ze sêre leiden,
zergât ez, so ist dîn fröude tôt:
wilt aber dû daz guot ze sêre minnen,   190
dû maht verliesen sêle und êre.
dâ von sô volge mîner lêre,
leg ûf die wâge ein rehtez lôt,
und wig ouch dar mit allen dînen sinnen,
alsô diu mâze uns ie gebôt.   195

Waz wunders in der werlte vert!
wie manic gâbe uns ist beschert
von dem der uns ûz nihte hât gemachet!
Dem einen gît er schœnen sin,
dem andern guot unt den gewin,   200
daz er sich mit sîn selbes guote swachet.
Armen man mit guoten sinnen
sol man für den rîchen minnen,
ob er êren niht engert.
ja enist ez niht wan gotes hulde und êre,   205
dar nâch diu werlt sô sêre vihtet:
swer sich ze guote alsô verpflihtet
daz er der beider wirt entwert,
dern habe ouch hie noch dort niht lônes mêre,
wan sî eht guotes hie gewert.   210

Mit sælden müeze ich hiute ûf stên,
got herre, in dîner huote gên

---

211 ff. ist eine kunstmässige nachbildung der volkstümlichen gattung
der reisesegen, vgl. Denkmäler deutscher poesie und prosa, herausg. von
Müllenhoff und Scherer IV, 8 und XLVII, 3 nebst den anmerkungen dazu.

und rîten, swar ich in dem lande kêre.
Krist herre, lâz an mir werden schîn
die grôzen kraft der güete dîn,   215
und pflic mîn wol durch dîner muoter êre.
Als ir der heilig engel pflæge,
unt dîn, dô du in der krippen læge,
junger mensch und alter got,
dêmüetic vor dem esel und vor dem rinde   220
(und doch mit sældenrîcher huote
pflac dîn Gabriêl der guote
wol mit triuwen sunder spot),
als pflig ouch mîn, daz an mir iht erwinde
daz dîn vil götelîch gebot.   225

70ª (L. 16,₃₆).

Philippe, küuec hêre,
sie gebent dir alle heiles wort
und wolden liep nâch leide.
Nû hâst dû guot und êre;
daz ist wol zweier künege hort: 5
die gip der Milte beide.
Diu Milte lônet same diu sât,
diu wünneclîche wider gât
dar nâch man sie geworfen hât:
wirf von dir milteclîche.   10
swelch künec der Milte geben kan,
si gît im daz er nie gewan.
wie Alexander sich versan!
der gap und gap, und gap sim elliu rîche.

Wir suln den kochen râten,   15
sît ez in alsô hôhe stê,

70ª,₁₅ ff. Auf diesen spruch spielt Wolfram im Willehalm 286, 19 an:
her Vogelweid von brâten sanc: dirre brâte was dick unde lanc: ez hete sin
frouwe dran genuoc, der er sô holdez herze ie truoc. Von den meisten heraus-
gebern wird er auf Philipp bezogen, passt aber besser auf Otto. Die er-
zählung von den köchen hat Koberstein auf die eroberung von Konstanti-
nopel durch die Lateiner bezogen, Zarncke (Beiträge VII, 592) auf die der
eroberung unmittelbar vorhergehenden ereignisse. Aber damit ist nicht

daz sie sich niht versûmen,
Daz sie der fürsten brâten
snîden grœzer baz dan ê
doch dicker eines dûmen.   20
Ze Kriechen wart ein spiz versniten;
daz tet ein hant mit argen siten:
sin möhte ez niemer hân vermiten:
der brâte was ze dünne.
des muose der herre für die tür: 25
die fürsten sâzen ander kür.
der nû daz rîche alsô verlür,
dem stüende baz daz er nie spiz gewünne.

Waz êren hât frô Bône,
daz man sô von ir singen sol?   30
si rehtiu vastenkiuwe!
Sist vor und nâch der nône
fûl und ist der wibel vol
wan êrste in der niuwe.
Ein halm ist kreftec unde guot: 35
waz er uns allen liebes tuot!
er fröut vil manegem sînen muot:
wie danne umb sînen sâmen?
von grase wirdet halm ze strô,
er machet manic herze frô,   40
er ist guot nider unde hô.
frou Bône — set liberâ nôs â mâlô, âmen.

---

erklärt, wie Walther zu dem gleichnisk von dem braten gekommen ist. Es
ist daher wol doch eher ein sagenhafter bericht anzunehmen, inˀdem das,
was Walther als parabel verwendet, als wirkliches factum erzählt war.
₂₉ ff. Lachmann bemerkt hierzu: 'ich glaube, ein tadler, vielleicht
der dichter den das nächstfolgende gesetz (70b,₁₅) derb abfertigt, hatte
Walthers lied vom halmmessen (32) verhöhnt; etwa in dem sinne, herrn
Walthers halm sei keiner bohnen wert, die man dagegen schon eher be-
singen könnte. „was", sagt der dichter, „ist an der bohne zu loben? sie ist
fastenspeise, vor und nach himmelfahrt (nône) faul, und von anfang voll
würmer; dagegen halm korn und stroh gut und erfreulich und zu jeder
zeit brauchbar: aber vor der bohne muss man ein paternoster beten, um
ihrer los zu werden." So wenig befriedigend diese deutung ist, so ist doch
bisher noch nichts besseres aufgestellt.

70^b (L. 18,1)

Mir hât ein liet von Franken
der stolze Mîssenære brâht:
daz vert von Ludewîge.
Ichn kan ims niht gedanken
sô wol als er mîn hât gedâht,   5
wan daz ich tiefe nîge.
Künd ich swaz ieman guotes kan,
daz teilte ich mit dem werden man.
der mir sô hôher êren gan,
got müeze ouch im die sînen iemer mêren.   10
zuo flieze im aller sælden fluz,
niht wildes mîde sînen schuz,
sîns hundes louf, sîns hornes duz
erhelle im und erschelle im wol nâch êren.

Her Wîcman, ist daz êre,   15
daz man die meister irren sol
sô meisterlîcher sprüche?
Lâtz iu geschehen niht mêre:
für wâr ich iu daz râte wol.
waz obe her Walther krüche?   20
Er soltz doch iemer hân vor iu,
alsô der weize vor der spriu.
singt ir einz, er singet driu,
daz gelîchet sich rehte alsô ars und mâne.
her Walther singet swaz er wil,   25
des kurzen und des langen vil:
sus mêret er der werlte spil:
sô jaget ir alse ein leithunt nâch wâne.

70b weicht in der zehnten zeile von 70a ab, die erste strophe allerdings nur in der einen, aber, wie es scheint, besseren überlieferung. 70b,₁ ff. Die veranlassung dieses spruches bleibt uns unverständlich. Der *Mîssenære* ist marggraf Dietrich von Meissen (vgl. einl. s. 11); dass mit Ludwig der herzog von Baiern gemeint sei, ist eine durch nichts als durch die übereinstimmung des namens zu begründende annahme. Die gabe, welche der Meissner mitgebracht hat, heisst in C *iet*, in A *lieht*. Wackernagels deutung (vgl. zu 79,₁) ist unannehmbar. Es ist wol der Meissner, nicht Ludwig, dem das lob gilt. 1 5. Ueber die person des Wîcman (so nennt ihn A, C hat dafür Volcnant) wissen wir nichts. Die echtheit der strophe ist nicht ohne grund angezweifelt.

71 (L. 82,₁₁).

Ouwê daz wîsheit unde jugent,
des mannes schœne noch sîn tugent
niht erben sol, sô ie der lîp erstirbet!
Daz mac wol klagen ein wîser man,
der sich des schaden versinnen kan,   5
Reimâr, waz guoter kunst an dir verdirbet.
Dû solt von schulden iemer des geniezen,
daz dich des tages wolte nie verdriezen,
dun spræches ie den frouwen wol . . . .
des süln sie iemer danken dîner zungen.   10
und hetest niht wan eine rede gesungen,
'sô wol dir, wîp, wie reine ein nam!', dû hetest an ir
                                   lobe alsô gestriten
daz elliu wîp dir iemer mê genâden solten biten.
    Dêswâr, Reimâr, dû riuwes mich
michels harter danne ich dich,   15
ob dû lebtes und ich wær erstorben.
Ich wilz bî mînen triuwen sagen,
dich selben wolt ich lützel klagen:
ich klage dîn edelen kunst, daz sist verdorben.
Dû kundest al der werlte frœude mêren,   20
sô dûz ze guoten dingen woltes kêren.
mich riuwet dîn wol redender munt und dîn vil süezer
daz die verdorben sint bî mînen zîten.   [sanc,
daz dû niht eine wîle mohtest bîten!
sô leiste ich dir geselleschaft: mîn singen ist niht lanc. 25
dîn sêle müeze wol gevarn, und habe dîn zunge danc.

Swâ der hôhe nider gât
und ouch der nider an hôhen rât

71,₁ ff. Klagelied um Reimar, der, wenn wir ihn mit der nachtigall
von Hagenau identificieren dürfen (vgl. einl. s. 3) etwa zwischen 1205 und
1214 gestorben sein muss.   ₁₂. Die citierte strophe steht in Minnesangs
frühling 165, 28. Die zeile ist zu lang.   ₂₇ ff. Die verhältnisse, auf
welche in diesem spruche angespielt wird, lassen sich nicht mit sicherheit
bestimmen. Rieger (Leben Walthers s. 45 ff.) bezieht ihn auf die regierung
könig Heinrichs, und setzt ihn zwischen sommer 1229 und sept. 1230.

gezucket wirt, dâ ist der hof verirret.
Wie sol ein unbescheiden man   30
bescheiden des er niht enkan?
sol er mir büezen des mir niht enwirret?
Des stênt die hôhen vor den kemenâten:
sô suln die nidern umb daz rîche râten.
swâ den gebrichet an der kunst, seht, dâ tuont sie   35
wan daz siez umbe werfent an ein triegen: [niht mê
daz lêrent sie die fürsten, unde liegen.
die selben brechent uns diu reht und stœrent unser ê.
nû sehet wie diu krône lige und wie diu kirche stê.

Ich muoz verdienen swachen haz: 40
ich wil die herren lêren daz,
wies iegeslîchen rât wol mügen erkennen.
Der guoten ræte der sint drî:
drî ander bœse stênt dâ bî
zer linken hant. lât iu die sehse nennen.   45
Frum unde gotes hulde und werltlich êre,
daz sint die guoten: wol im der sie lêre!
den möhte ein keiser nemen wol an sînen hôhsten rât.
die andern heizent schade sünde und schande.
da erkenne̦ sie bî der sie ê niht erkande.   50
man hœret an der rede wol wiez umb daz herze stât.
daz anegenge ist selten guot, daz bœsez ende hât.

Drî sorge habe ich mir genomen:
möht ich der einer zende komen,
sô wære wol getân ze mînen dingen.   55
Jedoch swaz mir dâ von geschiht,
in scheid ir von ein ander niht:
mir mag an allen drin noch wol gelingen.
Gotes hulde und mîner frouwen minne,
dar umbe sorge ich, wie ich die gewinne: 60
daz dritte hât sich mîn erwert unrehte manegen tac.
daz ist der wünneclîche hof ze Wiene:
in gehîrme niemer unz ich den verdiene,
sît er sô maneger tugende mit sô stæter triuwe pflac.
man sach Liupoltes hant dâ geben, daz si des niht er-
                                        schrac. 65

Rît ze hove, Dietrich.
'herre, in mac.' waz irret dich?
'in hân niht rosses daz ich dar gerite.'
Ich lîhę dir einz, und wilt dû daz.
'herrę, gerîte al deste baz.'   70
nû stant alsô noch eine wîle, bîte.
Wedęr rîtest gerner eine guldîn katzen,
od einen wunderlîchen Gêrhart Atzen?
'semir got, und æze ez höu, ez wær ein frömdez pfert.
im gênt diu ougen umbe als einem affen,   75
er ist als ein guggaldei geschaffen.
den selben Atzen gebet mir her: sô bin ich wol gewert.'
nu krümbe dîn bein, rît selbę her hein, sît du Atzen
                                          hâst gegert.

72 (L. 103,₁₃).

Mir hât her Gêrhart Atze ein pfert
erschozzen zÎsenache.
daz klage ich dem den er bestât:
derst unser beider voget.
Ez was wol drîer marke wert.   5
nû hœret frömde sache,
sît daz ez an ein gelten gât,
wâ mite er mich nû zoget.
Er seit von grôzer swære,
wie mîn pfert mære   10
dem rosse sippe wære,
daz im den vinger abe
gebizzen hât ze schanden.
ich swer mit beiden handen,
daz sie sich niht erkanden.   15
ist ieman der mir stabe?

₆₆ ff. bezieht sich auf den selben vorfall wie 72,₁ ff. *Gerhardus et frater ejus Heinricus cognomine Atzo* erscheinen als zeugen in einer urkunde des landgrafen Hermann vom jahre 1196. Die seltsame entschuldigung, welche der dichter 72,₉ dem Atze boshafterweise in den mund legt, ist wol dadurch veranlasst, dass ihm entweder wirklich ein finger von einem rosse abgebissen war, oder dass ihm wenigstens ein finger fehlte.

Swâ guoter hande wurzen sint
in einem grüenen garten
bekliben, die sol ein wîser man
niht lâzen unbehuot.   20
Er sol in spilen vor als ein kint,
mit ougenweide zarten.
dâ lît gelust des herzen an,
und gît ouch hôhen muot.
Sî bœse unkrût dar under,   25
daz breche er ûz besunder
(lât erz, daz ist ein wunder),
und merke ob sich ein dorn
mit kündekeit dar breite,
daz er den fürder leite   30
von sîner arebeite:
sist anders gar verlorn.

Uns irret einer hande diet:
der uns die fürder tæte,
sô möhte ein wol gezogener man   35
ze hove haben die stat.
Die lâzent sîn ze spruche niet:
ir drüzzel derst sô dræte,
kund er swaz ieman guotes kan,
daz hülfe niht ein blat.   40
Ich und ein ander tôre
wir dœnen in sîn ôre,
daz nie kein münch ze kôre
sô sêre mê geschrei.
geflieges mannes dœnen   45
daz sol man wol beschœnen:
müet des mannes hœnen, —
hie gêt diu rede enzwei.

73 (L. 11,₆).

Her keiser, sît ir willekomen.
der küneges name ist iu benomen:

72,₄₁ ff. nicht recht verständlich und wol verderbt.   73,₁ ff. Zur begrüssung Ottos IV bei seiner rückkehr aus Italien im frühjahr 1212 e-

des schînet iuwer krône ob allen krônen.
Iur hant ist krefte und guotes vol:
ir wellet übel oder wol,   5
sô mac si beidiu rechen unde lônen.
Dar zuo sag ich iu mære:
die fürsten sint iu undertân,
sie habent mit zühten iuwer kunft erbeitet.
und ie der Mîssenære   10
derst iemer iuwer âne wân:
von gote würde ein engel ê verleitet.

Got gît ze künege swen er wil:
dar umbe wundert mich niht vil:
uns leien wundert umb der pfaffen lêre.   15
Sie lêrten uns bî kurzen tagen:
daz wellents uns nû widersagen.
nû tuonz durch got und durch ir selber êre,
Und sagen uns bî ir triuwen,
an welher rede wir sîn betrogen;   20
volrecken uns die einen wol von grunde,
die alten ode die niuwen.
uns dunket einez sî gelogen.
zwô zungen stânt unebne in einem munde.

Her bâbest, ich mac wol genesen: 25
wan ich wil iu gehôrsam wesen.
wir hôrten iuch der kristenheit gebieten
Wes wir dem keiser solten pflegen,
dô ir im gâbet den gotes segen,
daz wir in herren hiezen und vor im knieten.   30
Ouch sult ir niht vergezzen,
ir sprâchet 'swer dich segenẹ, der sî
gesegnet: swer dir fluochẹ, der sî verfluochet
mit fluoche vólmézzen.'

---

dichtet, vielleicht auf dem hoftage zu Frankfurt vorgetragen, wo auch
Dietrich von Meissen erschien und sich dem kaiser am 20. märz durch
einen vertrag verpflichtete, nachdem er vorher gegen ihn conspiriert hatte.
Er fiel schon im folgenden jahre wider von Otto ab. ₁₆ bezieht sich
auf die frühere anerkennung und nachherige verwerfung Ottos.

durch got bedenket iuch dâ bî,   35
ob ir der pfaffen êre iht geruochet.

Dô gotes sun hien erde gie,
do versuohten in die juden ie:
sam tâtens eines tages mit dirre frâge.
Sie frâgeten obe ir frîez leben   40
dem rîche iht zinses solte geben.
dô brach er in die huote und al ir lâge.
Er iesch ein münizîsen,
er sprach 'wes bilde izt hinne ergraben?'
'des keisers,' sprachen dô die mérkære.   45
dô riet er den unwîsen
daz sie den keiser liezen haben
sîn keisers reht, und got swaz gotes wære.

Her keiser, ich bin frônebote
und bringe iu boteschaft von gote.   50
ir habt die erde, er hât daz himelrîche.
Er hiez iu klagen (ir sît sîn voget),
in sînes sunes lande broget
diu heidenschaft iu beiden lasterlîche.
Ir müget im gerne rihten: 55
sîn sun der ist geheizen Krist,
er hiez iu sagen wie erz verschulden welle.
nû lât in zuo iu pflihten.
er rihtet iu dâ er voget ist,
klagt ir joch über den tievel ûz der helle.   60

Her keiser, swenne ir Tiuschen fride
gemachet stæte bî der wide,
sô bietent iu die fremeden zungen êre.
Die sult ihr nemen ân arbeit

₄₉ ff. Unter dem kaiser, der in dieser und der folgenden strophe an-
geredet wird, hat Uhland, wie ich glaube, mit recht Friedrich II ver-
standen, indem er in z. 68 den adler auf das wappen des reiches, den löwen
auf das der Hohenstaufen bezieht. Lachmann dagegen und die andern her-
ausgeber sind der ansicht, dass Otto gemeint sei, der einen halben adler
und drei halbe löwen im wappen führte (vgl. jetzt Winkelmann II, 498).

und süenen al die kristenheit: 65
daz tiuret iuch, und müet die heiden sêre.
Ir tragt zwei keisers ellen,
des aren tugent, des lewen kraft:
die sint des hérzéichen an dem schilte.
die zwêne hergesellen,   70
wan woltens an die heidenschaft!
waz widerstüende ir manheit und ir milte?

                74 (L. 105,₁₃).

Der Mîssenære solde
mir wandeln, ob er wolde.
mîn dienest lâz ich allez varn,
Niewan mîn lop aleine.
deich in mit lobe iht meine,   5
daz kan ich schône wol bewarn.
Lobe ich in, sô lobe er mich:
des andern alles des wil ich
in minneclîche erlâzen.
sîn lop daz muoz ouch mir gezemeñ,   10
oder ich wil mînz her wider nemen
ze hove und an der strâzen.
sô ich nû genuoge
gewarte sîner fuoge.

Ich hân dem Mîssenære   15
gefüeget manec mære
baz danne er nû gedenke mîn.
Waz sol diu rede beschœnet?
möht ich in hân gekrœnet,
diu krône wære hiute sîn.   20

_____

74,₁ ff. Vgl. einl. s. 11. Der markgraf muss sich nach z. 7 ff. tadelnd
über Walther ausgesprochen haben.   ₁₅· Von diensten, die Walther
dem Meissner erwiesen hat, ist ausser der hochtönenden versicherung von
dessen treue, die er dem kaiser Otto entgegenbrachte (73,₁₀) nichts bekannt.
₁₉· ₂₀· Wol keine anspielung auf eine bestimmte krone, die für den Meissner
zu erwerben Walther sich bemüht hätte, sondern nur ein ausdruck dafür,
dass er bereit gewesen wäre ihm das grösste zu verschaffen, wenn es in
seinen kräften gestanden hätte.

Het er mir dô gelônet baz,
ich diente im aber eteswaz.
noch kan ich schaden vertrîben.
er ist ab sô gefüege niht,
daz er mir biete wandels iht.   25
dâ lâzen wirz belîben.
wan vil verdirbet
des mau niht enwirbet.

Nû sol der keiser hêre
für brechen durch sîn êre   30
des lantgrâven missetât.
Wand er was doch zewâre
sîn vîent offenbâre:
die zagen truogen stillen rât:
Sie swuoren hie, sie swuoren dort,   35
und pruoften ungetriuwen mort.
von Rôme fuor ir schelden.
ir diufe enmoht sich niht verheln,
si begonden under zwischen steln
und alle ein ander melden.   40
seht, diep stal diebe,
drô tete liebe.

---

27. Ein sprüchwort.   29 ff. Diese fürbitte für den landgrafen Hermann kann nicht gut in eine andere zeit fallen, als in das jahr 1212, wo derselbe, von den meisten übrigen parteigenossen, die mit ihm im jahre zuvor die wahl Friedrichs beschlossen hatten, in stich gelassen, von Otto hart bedrängt wurde. Auffallend ist nur, dass sonst keine spur davon vorhanden ist, dass der landgraf die gnade des kaisers nachgesucht hätte. Im gegenteil gab er in dem schlimmsten momente seinem in Weissensee eingeschlossenen heere ausdrücklich die weisung im widerstande zu verharren, vgl. Winkelmann II, 308.   34. Mit den *zagen* müssen die mitverschworenen des landgrafen gemeint sein, die sich dem kaiser bei seiner rückkehr aus Italien zum schein unterwarfen, um bei günstiger gelegenheit wider von ihm abzufallen, wie z. b. Dietrich von Meissen. Doch sind die folgenden zeilen nicht ganz klar und am schluss auch die textherstellung sehr wenig sicher.   37. Von Rom aus wurden sie veranlasst sich unzufrieden mit Ottos regierung zu erklären (?).   42. Die drohung Ottos brachte sie zum gehorsam zurück (?).

75 (L. 31,13).

Der stuol ze Rôme ist allerêrst berihtet rehte
als hie vor bî einem zouberære Gêrbrehte.
Der selbe gap ze valle niwan sîn eines leben:
sô hât sich dirre und al die kristenheit ze valle geben.
Alle zungen suln ze gote schrîen wâfen,   5
und rüefen ime, wie lange er welle slâfen.
sie widerwürkent sîniu werc und felschent sîniu wort.
sîn kamerære stilt im sînen himelhort,
sîn süener mordet hie und roubet dort,
sîn hirte ist zeinem wolve im worden under sînen   10
                                 schâfen.

Wir klagen alle, und wizzen doch niht waz uns wirret,
daz uns der bâbest unser vater alsus hât verirret.
Nû gât er uns doch harte vaterlîchen vor:
wir volgen im nâch und komen niemer fuoz ûz sînem spor.
Nû merke, werlt, waz mir dar ane missevalle: 15
gîtset er, sie gîtsent mit im alle;
liuget er, sie liegent alle mit im sîne lüge;
und triuget er, sie triegent mit im sîne trüge.
nû merket wer mir daz verkêren müge:
sus wirt der junge Jûdas, mit dem alten dort, ze   20
                                 schalle.

Diu kristenheit gelepte nie sô gar nâch wâne.
die sie dâ lêren solten, die sint guoter sinne âne.
Es wær ze vil, und tæt ein tumber leie daz.
sie sündent âne vorhte: dar umb ist in got gehaz.
Sie wîsent uns zem himel, und varent sie zer helle.   25
sie sprechent, swer ir worten volgen welle
und niht ir werken, der sî ân allen zwîvel dort ge-
die pfaffen solten kiuscher dan die leien wesen: [nesen.
an welhen buochen hânt sie daz erlesen,
daz sich sô maneger flîzet wa er ein schœnez wîp   30
                                 vervelle?

75,1—80. Vgl. einl. s. 7.   2. Gemeint ist Gerbert, als pabst
Sylvester II (999—1003), der in folge seiner naturwissenschaftlichen studien
in den Ruf gekommen war zauberei zu treiben.   20. Der alte Judas ist der
pabst, der junge derjenige, welcher ihm als seinem vater nachfolgt.

Swelch herze sich bî disen zîten niht verkêret,
sît daz der bâbest selbe dort den ungelouben mêret,
Dâ wont ein sælic geist und gotes minne bî.
nû seht ir waz der pfaffen werc und waz ir lêre sî.
Ê daz was ir lêre bî den werken reine: 35
nû sint sie aber anders sô gemeine,
daz wirs unrehte würken sehen, unrehte hœren sagen,
die uns guoter lêre bilde solden tragen.
des mügen wir tumbe leien wol verzagen.
ich wæn áber mîn guoter klôsenære klage und sêre   40
                                              weine.

Ir bischofe und ir edeln pfaffen ir sît verleitet.
seht wie iuch der bâbest mit des tievels stricken seitet.
Saget ir uns daz er sant Pêters slüzzel habe,
sô saget war umbe er sîne lêre von den buochen schabe.
Daz man gotes gâbe iht koufe oder verkoufe,   45
daz wart uns verboten bî der toufe.
nû lêr etz in sîn swarzez buoch, daz ime der hellemôr
hât gegeben, und ûz im les et sîniu rôr:
ir kardenâle, ir decket iuwern kôr:
unser alter frône der stêt under einer übelen troufe.   50

Ahî wie kristenlîche nû der bâbest lachet,
swenne er sînen Walhen seit 'ich hânz alsô gemachet:'

---

40. Vgl. zu 67,46. 48. Noch nicht befriedigend erklärt, vgl.
Bezzenberger, Zschr. f. deutsche phil. VI, 36.   49. 50. Der dichter
will wol sagen: für Rom ist gut gesorgt, während die kirche in Deutsch-
land vernachlässigt ist.   51 ff. Im jahre 1212 hatte Innocenz eine ver-
ordnung erlassen, wonach in jeder kirche eine büchse (truncus concavus)
ausgestellt werden sollte um beiträge für den beabsichtigten kreuzzug auf-
zunehmen. Das ist der *stoc* in diesem und dem folgenden spruche. Walther
wird wegen dieser verdächtigung der absichten des pabstes getadelt von
Thomasin von Zirclaria in seinem Welschen gast 11163 ff. Vgl. besonders
*Nu wie hât sich der guote kneht   an im gehandelt âne reht,   der dâ sprach
durch sînen hôhen muot,   daz der bâbest wolt mit tiuschem guot   vüllen sin
welhischez schrîn!   hiet er gehabt den rât mîn,   er hiet daz wort gesprochen
niht;   dâ mite er hât gemacht enwiht   manige sîne rede guot,   daz man ir
minner war tuot. . . .   wan er hât tûsent man betœret,   daz si habent über-
hœret   gotes und des bâbstes gebot. . . . .   zwâr ez ist mir leit umb in .   er
hât erzeiget zuht und sin   an maniger sîner rede guot.*

(Daz er dâ seit, des solt er niemer hân gedâht)
er giht 'ich hân zwên Alman under eine krône brâht,
Daz siez rîche sülen stœren unde wasten.   55
ie dar under füllen wir die kasten:
ich hâns an mînen stoc gement, ir guot ist allez mîn:
ir tiuschez silber vert in mînen welschen schrîn.
ir pfaffen ezzet hüenęr und trinket wîn,
unde lât die tiutschen . . . . vasten.'   60

Sagt an, her Stoc, hât iuch der bâbest her gesendet,
daz ir in rîchet und uns Tiutschen ermet unde swendet?
Swenn im diu volle mâze kumt ze Laterân,
sô tuot er einen argen list, als er ê hât getân:
Er seit uns danne wie daz rîche stê verwarren,   65
unz in erfüllent aber alle pfarren.
ich wæn des silbers wênic kumet ze helfe in gotes lant:
grôzen hort zerteilet selten pfaffen hant.
her Stoc, ir sît ûf schaden her gesant,
daz ir ûz tiuschen liuten suochet tœrinne unde narren. 70

'Sît willekomen, her wirt,' dem gruoze muoz ich swîgen:
'sît willekomen, her gast,' sô muoz ich sprechen oder nîgen.
Wirt unde heim sint zwêne unschamelîche namen:
gast unde hereberge muoz man sich vil dicke schamen.
Noch müez ich geleben daz ich den gast ouch grüeze, 75
sô daz er mir dem wirte danken müeze.
'sît hînaht hie, sît morgen dort,' waz gougelfuore ist daz:
'ich bin heime' od 'ich wil heim' daz trœstet baz.
gast unde schâch kumt selten âne haz:
herrę büezet mir des gastes, daz iu got des   80
                              schâches büeze.

Ich bin des milten lantgrâven ingesinde.
ez ist mîn site daz man mich iemer bî den tiursten vinde.
Die andern fürsten alle sint vil milte, iedoch
sô stæteclîchen niht: er was ez ê und ist ez noch.
Dâ von kan er baz danne sie dermite gebâren: 85

───────────

71 ff. Vgl. einl. s. 7.

er enwil dekeiner lûne vâren.
swer hiure schallet und ist hin ze jâre bœse als ê,
des lop gruonet unde valwet sô der klê.
der Dürnge bluome schînet durch den snê:
sumer und winter blüet sîn lop als in den êrsten jâren. 90

Ich hân des Kerndæres gâbe dicke empfangen:
wil er durch ein vermissen bieten mir alsô diu wangen?
Er wænet lîhte daz ich zürne: nein ich, niht.
im ist geschehen daz noch vil manegem milten man
                                    geschiht.
Was mir lîhte leide, dô was ime noch leider.   95
dô er hâte mir geschaffen kleider,
daz man mir niht engap, dar umbe zürne er anderswâ.
ich weiz wol, swer willeclîche sprichet jâ,
der gæbe ouch gerne, und wære ez danne dâ.
dirre zorn ist âne alle schulde weizgot unser beider. 100

Ichn weiz wem ich gelîchen muoz die hovebellen,
wan den miusen, die sich selbe meldent, tragent sie
                                    schellen.
Des leckers herre der miuse klanc, kumt si ûz ir klûs,
sô schrîen wir vil lîhte 'ein schalc, ein schalc! ein mûs,
                                    ein mûs!'
Edel Kerndenære, ich sol dir klagen sêre: 105
milter fürste, marterære umb êre,
ichn weiz wer mir in dînem hove verkêret mînen sanc.
lâz ichz niht durch dich und ist er niht ze kranc,
ich swinge im alsô swinden widerswanc.
frâge waz ich habe gesungen, und ervar uns   110
                                    werz verkêre.

---

91 ff. Vgl. einl. s. 10. Der herzog scheint sich unfreundlich gegen
Walther benommen zu haben. Darauf gibt ihm dieser auf eine feine weise
zu verstehen, dass nicht der herzog ursache habe auf ihn, vielmehr er auf
den herzog böse zu sein; er wolle es aber nicht übel nehmen, dass dieser
sein versprechen nicht gehalten habe.   101 ff. Dem herzog von Kärn-
then ist über einen auf ihn bezüglichen spruch Walthers, vielleicht den
voranstehenden durch seine hofleute ein entstellter bericht zugekommen.
Walther bittet ihn sich von den richtigen tatbestande zu überzeugen.
103. Wie die maus durch den klang der schelle, so verrät sich der
schmeichler durch sein ewiges horrsagen (?).

Die wîle ich weiz drî hove sô lobelîcher manne,
sô ist mîn wîn gelesen unde sûset wol mîn pfanne.
Der biderbe patrîarke missewende frî,
der ist ir einer, so ist mîn höfcher trôst zehant dâ bî,
Liupolt, zwir ein fürste, Stîr und Ôsterrîche.   115
niemen lept den ich zuo deme gelîche:
sîn lop ist niht ein lobelîn: er mac, er hât, er tuot.
sô ist sîn veter als der milte Welf gemuot:
des lop was ganz, ez ist nâch tôde guot.
mirst vil unnôt daz ich durch handelunge iht verre   120
                                          strîche.

In nomine dumme ich wil beginnen: sprechet âmen
(daz ist guot für ungelücke und für des tievels sâmen),
Daz ich gesingen müeze in dirre wîse alsô,
swer höveschen sanc und fröude stœre, daz der werde
                                          unfrô.
Ich hân wol und hovelîchen her gesungen: 125
mit der hövescheit bin ich nû verdrungen,
daz die unhöveschen nû ze hove genæmer sint dann ich.
daz mich êren solde, daz unêret mich.
herzoge ûz Ôsterrîche fürste nû sprich:
dun wendest michs alleine, sô verkêre ich mîne   130
                                          zungen.

Nû wil ich mich des scharpfen sanges ouch genieten:
dâ ich ie mit vorhten bat, dâ wil ich nû gebieten.
Ich sihe wol daz man herren guot und wîbes gruoz
gewalteclîch und ungezogenlîch erwerben muoz.
Singe ich mînen höveschen sanc, sô klagent siez   135
dêswâr ich gewinne ouch lîhte knollen: [Stollen.
sît sie die schalkheit wellen, ich gemache in vollen
ze Ôsterrîche lernt ich singen unde sagen: [kragen.

---

111 ff. Vgl. einl. s. 9. 10.   118. *der milte Welf*, Welf VI von
Baiern († 1291), der durch eine verschwenderische hofhaltung zu Memmingen
seine besitztümer vergeudete.   121 ff. Wer die gegner der Walther-
schen sangesweise sind, wer insbesondere der z. 135 genannte Stolle ist,
lässt sich nicht ermitteln.

dâ wil ich mich allerêrst beklagen:
vind ich an Liupolt höveschen trôst, so ist mir   140
            mîn muot entswollen.

Dô Liupolt sparte ûf gotes vart, ûf künftige êre,
sie behielten alle samt, sie volgẹten sîner lêre,
Sie zuhten ûf, alsam sie niht getörsten geben.
daz was billich: man sol iemer nâch dem hove leben.
Daz sin an der miltẹ niht überhœhen wolten,   145
wol in des! sịe tâten als sie solten.
die helde ûz Ôsterrîche heten ie gehoveten muot.
sie behielten durch sîn êre: daz was guot:
nû geben durch sîn êre, als er nû tuot.
sin leben nâch dem hove nû, so ist jeniu zuht   150
            bescholten.

Herzoge ûz Ôsterrîche, lâ mich bî den liuten,
wünsche mir ze velde, niht ze walde: ichn kan niht
Sie sehent mich bî in gerne, alsô tuon ich sie. [riuten:
dû wünschest underwîlent biderbem man dun weist
                              joch wie.
Wünsches dû mir von in, sô tuost dû mir leide.   155
vil sælic sî der walt, dar zuo diu heide!
diu müeze dir vil wol gezemen: wie hâst dû nû getân,
sît ich dir an dîn gemach gewünschet han,
und dû mir an mîn ungemach? lâ stân:
wis dû von dan, lâ mich bî in: so leben wir   160
            sanfte beide.

Ich hân gemerket von der Seine unz an die Muore,
von dem Pfâde unz an die Traben erkenne ich al ir
Diu meiste menege enruochet wies erwirbet guot. [fuore:
sol ichz alsô gewinnen, sô ganc slâfen, hôher muot.
Guot was ie genæme, iedoch sô gie diu êre   165

---

141 ff. Vgl. einl. s. 9.   151 ff. Vgl. einl. s. 9. Der herzog hat
Walther in den wald gewünscht, womit sich für den mittelalterlichen
menschen die vorstellung der harten arbeit des reutens verknüpft. Walther
wünscht dagegen den herzog auf die heide, wo er zwar auch die gesell-
schaft der menschen entbehren muss, es aber bequem hat.

vor dem guote: nu ist daz guot sô hêre,
daz ez gewalteclîche vor ir zuo den frouwen gât,
mit den fürsten zuo den künegen an ir rât.
sô wê dir guot! wie rœmesch rîche stât!
du enbist niht guot: dû habest dich an die   170
                 schande ein teil ze sêre.

An wîbe lobe stêt wol daz man sie heize schœne:
manne stêt ez übel, ez ist ze wich und ofte hœne.
Küene und milte, nnd daz er dâ zuo stæte sî,
sô ist vil gar gelobt: den zwein stêt wol daz dritte bî.
Wilz iu niht versmâhen, sô wil ichz iuch lêren,   175
wie wir loben suln und niht unêren:
ir müezet in die liute sehen, welt ir erkennen wol.
nieman ûzen nâch der varwe loben sol.
vil manic môre ist innen tugende vol:
wê wie wíz der biderben herze sint, der sie wil   180
                 umbe kêren!

76 (L. 26,₃).

Ich hân hern Otten triuwe, er welle mich noch rîchen:
wie nam ab er mîn dienest ie sô trügelîchen?
od waz bestêt ze lônne des den künic Friderîchen?
Mîn vorderunge ist ûf in kleiner danne ein bône;
ezn sî sô vil, ob er der alten sprüche wære frô: 5
ein vater lêrte wîlent sînen sun alsô
'sun, diene manne bœsten, daz dir manne beste lône'.
Her Otte, ich binz der sun, ir sît der bœste man,
wand ich sô rehte bœsen herren nie gewan:
her künec, sît irz der beste, sît iu got des lônnes gan.   10

Ich wolt hern Otten milte nâch der lenge mezzen:
dô hâte ich mich an der mâze ein teil vergezzen:
wær er sô milte sô lanc, er hete tugende vil besezzen:
Vil schiere maz ich abe den lîp nâch sîner êre:
dô wart er vil gar ze kurz als ein verschrôten werc,   15
miltes muotes minre vil dan ein getwerc.'

    76,₁ ff. Vgl. einl. s. 7.   ₁₁ ff. Vgl. die schilderungen Ottos und Friedrichs bei Winkelmann I, 75. II, 91.

und ist doch von den jâren daz er niht enwahset mêre.
Dô ich dem künege brâhte daz mez, wie er ûf schôz!
sîn junger lîp wart beide michel unde grôz.
nû seht waz er noch wahse: erst ieze übr in wol   20
                    risen gnôz.

Herzoge ûz Österîche, ez ist iu wol ergangen,
und alsô schône daz uns muoz nâch iu belangen.
sît gewis, swenn ir uns komet, ir werdet hôhe en-
                    pfangen.
Ir sît wol wert daz wir die gloggen gegen iu liuten,
dringen unde schouwen als ein wunder komen sî.   25
ir komet uns beide sünden unde schanden frî:
des suln wir man iuch loben, und die frouwen suln
                    iuch triuten.
Diz liehte lop volfüeget heime unz ûf daz ort:
sît uns hie biderbe für daz ungefüege wort,
daz iemen spreche, ir soldet sîn beliben mit êren dort.   30

Von Rôme voget, von Pülle künec, lât iuch erbarmen
daz man mich bî rîcher kunst lât alsus armen.
gerne wolde ich, möhte ez sîn, bî eigem fiure erwarmen.
Zâî wiech danne sünge von den vogellînen,
von der heide und von den bluomen, als ich wîlent   35
swelch schœne wîp mir denne gæbe ir habedanc,   [sanc!
der liez ich liljen unde rôsen ûz ir wengel schînen.
Sus rîte ich fruo und kume niht heim: 'gast, wê dir, wê!'.
sô mac der wirt wol singen von dem grüenen klê.
die nôt bedenket, milter künec, daz iuwer nôt   40
                    zergê.

---

    31 ff. Vgl. einl. s. 8. Diese strophe ist von Ulrich von Singenberg pa-
rodiert (bei Wackernagel s. 211): *Der werlte voget, des himels künec, ich lobe
iuch gerne,   daz ir mich hânt erlôzen des, daz ich niht lerne   wie dirre
und der an fremder stat ze mînem sange scherne.   Mîn meister klaget sô sêre
von der Vogelweide,   in twinge daz, in twinge jenz, daz mich noch nie getwanc.
    den lânt si bî sô richer kunst an habe ze kranc,   daz ich mich küme ûf ir
gendde von den mînen scheide.   Sus rîte ich spâte und kume doch heim, mirst
niht ze wê: dô singe ich von der heide und von dem grüenen klê.   daz
stætent ir mir, milter got, daz ez mir iht zergê!*

Ich hân mîn lêhen, al diu werlt, ich hân mîn lêhen.
nû enfürhte ich niht den hornunc an die zêhen,
und wil alle bœse herren dester minre flêhen.
Der edel künec, der milte künec hât mich berâten,
daz ich den sumer luft und in dem winter hitze   45
mîn nâhgebûren dunke ich verre baz getân: [hân.
sie sehent mich niht mêr an in butzẹn wîs als sie
                                wîlent tâten.
Ich bin ze lange arm gewesen ân mînen danc.
ich was sô volle scheltens daz mîn âten stanc:
daz hât der künec gemachet reine, und dar zuo 50
                                mînen sanc.

Der künec mîn herre lêch mir gelt ze drîzec marken:
des enkan ich niht gesliezen in den arken,
noch geschiffen ûf daz mer in kielen noch in barken.
Der name ist grôz, der nuz ist aber in solher mâze,
daz ich in niht begrîfen mac, gehœren noch geschen: 55
wes sol ich danne in arken oder in barken jehen?
nû râte ein ieglich friunt, ob ich ez halte od ob ichz
Der pfaffen disputieren ist mir gar ein wiht: [lâze.
sie prüevent in den arken niht, da ensî ouch iht:
nû prüeven her, nû prüeven dar, son habe ich   60
                                drinne niht.

Ir fürsten, die des küneges gerne wæren âne,
die volgen mîme râte: ichn râte in niht nâch wâne.
welt ir, ich schicke in tûsent mîle und dannoch mê
                                für Trâne.
Der helt wil Kristes reise varn: swer in des irret,
der hât wider got und al die kristenheit getân.   65
ir vînde, ir sult in sîne strâze varen lân:
waz ob er hie heime iu niemer mêre niht gewirret?
Belîbe er dort, des got niht gebe, sô lachet ir:
kom er uns friunden wider hein, so lachen wir.
der mære warten beidenthalp, und habet den rât   70
                                von mir.

_____

61 ff. Vgl. einl. s. 12.

Vil hôhgelobter got, wie selten ich dich prîse,
und ich doch von dir beidiu wort hân unde wîse!
wie getar ich sô gefreveln under dîme rîse?
Ichn tuon diu rehten werc, ichn hân die wâren minne
gein mînem ebenkristen, herre vater, noch gein dir: 75
ir keinem wart ich nie sô holt sô ich bin mir.
got vater unde sun, dîn geist berihte mîne sinne.
Wie solt ich den geminnen der mir übele tuot?
ich muoz dem iemer holder sîn der mir ist guot.
vergib mir anders mîne schulde, wan ich hân noch
                         den muot. 80

Er schalc, in swelhem namen er sî, der dankes triege
sînen herren unde im râte daz er liege!
erlamen müez ime sîn bein, swenn erz ze deheime râte
Sî aber er sô hêre daz er dâ zuo sitze,   [biege!
sô wünsche ich daz ime sîn ungetriuwe zunge erlame. 85
die selben machent uns die biderben âne schame.
sol liegen witze sîn, sô pflegent sie schemelîcher witze.
Wan mügens in râten daz sie lâzen in ir kragen
sô valsch geheize od nâch geheize niht versagen?
sie solten geben ê dem lobe der kalc wær abe getragen. 90

Ich hân gesehen in der werlte ein michel wunder:
wærz ûf dem mer, ez diuhte ein seltsæne kunder;
des mîn fröude erschrocken ist, mîn trûren worden munder.
Daz glîchet einem bœsen man. swer nû des lachen
strîchet an der triuwen stein, der vindet kunterfeit. 95
er bîzet dâ sîn grînen niht hât widerseit.
[sîn valscheit tuot vil manegem dicke leit.]
zwô zungen habent kalt und warm, die ligent in sîme
In sîme süezen honege lît ein giftic nagel.   [rachen.
sîn wolkenlôsez lachen bringet scharpfen hagel.   100
swâ man daz spürt, ez kêrt sîn hant und wirt ein swalwen
                          zagel.

Got weiz wol, daz mîn lop wær iemer hovestæte,
dâ man eteswenne hovelîchen tæte

----

101. Noch nicht befriedigend erklärt, vgl. Bezzenberger Zschr. für
deutsche phil. VI, 34.

mit worten oder mit werken, mit gewizzenem geræte.
Mir grüset, sô mich lachent an die lechelære,   105
den diu zunge honget und daz herze gallen hât.
friundes lachen sol sîn âne missetât,
lûter als der âbentrôt, der kündet liebiu mære.
Nû tuo mir lachelîche, od lache ab anderswâ.
swes munt mich triegen wil, der habe sîn lachen dâ: 110
von dem næm ich ein wârez nein für zwei gelogeniu jâ.

Sît got ein rehter rihter heizet an den buochen,
daz er solte ûz sîner milte des geruochen
daz er die gar getriuwen ûz den valschen hieze suochen!
Joch meine ich hie: sie werdent dort vil gar gesundert: 115
doch sæhe ich an ir eteslîchem gerne ein schanden mâl.
der sich dem man wint ûz der hant reht als ein âl,
ouwê daz got niht zorneclîchen sêre an deme wundert!
Swer sant mir var von hûse, der var ouch mit mir hein.
des mannes muot sol veste sîn alsam ein stein,   120
ûf triuwe sleht und eben als ein vil wol gemahter zein.

77 (L. 104,₂₃).

Man seit mir ie von Tegersê,
wie wol daz hûs mit êren stê:
darumbe kêrte ich mêr dan eine mîle von der strâze.
Ich bin ein wunderlîcher man,
daz ich mich selben niht entstân   5
und mich sô vil an frömde liute lâze.
Ich schilte sie niht, wan got genâde uns beiden.
ich nam dâ wazzer:
alsô nazzer
muost ich von des münches tische scheiden.   10

78 (L. 78,₂₄).

Ich bin dem Bogenære holt
gar âne gâbe und âne solt:
er ist milte, swie klein ich sîn geniuze.
sô nieze in aber ein Pôlân oder ein Riuze:

77,₁. Vgl. einl. s. 11. 12.   78,₁. Vgl. einl. s. 11.

daz ist allez âne mînen haz.
in bræhte ein meister baz ze mære
danne tûsent snarrenzære,
tæt er den hovewerden baz.

Den dîemant den edelen stein
gap mir der schœnsten ritter ein: 10
âne bete wart mir diu gâbe sîne.
jô lob ich niht die schœne nâch dem schîne:
milter man ist schœne und wol gezogen.
man sol die inre tugent ûz kêren:
sô ist daz ûzer lop nâch êren,   15
sam des von Katzenellenbogen.

Der anegenge nie gewan
und anegenge machen kan,
der kan wol ende machen und ân ende.
sît daz allez stêt in sîner hende,   20
wer wære danne lobes sô wol wert?
der sî der êrste in mîner wîse:
sîn lop gêt vor allem prîse:
daz lop ist sælic, des er gert.
    Nû loben wir die süezen maget,   25
der ir sun niemer niht versaget.
si ist des muoter, der von helle uns lôste:
daz ist uns ein trôst vor allem trôste,
daz man dâ ze himel ir willen tuot.
nû dar, die alten mit den jungen,   30
daz ir werde lop gesungen.
sist guot ze lobenne, si ist guot.
    Ich solt iuch engel grüezen ouch,
wan daz ich bin niht gar ein gouch:
waz habet ir der heiden noch zerstœret?   35
sît iuch nieman siht noch nieman hœret,
saget, waz habet ir noch dar zuo getân?

---

17 ff. Dies lied wird in eine zeit gehören, wo der von Friedrich ge-
lobte kreuzzug den dichter lebhaft beschäftigte. Eine genauere datierung
ist nicht möglich.

möht ich got stille als ir gerechen,
mit wem solt ich mich besprechen?
ich wolte iuch herren ruowen lân.   40
  Her Michahêl, her Gabrîêl,
her tiufels vîent Raphahêl,
ir pfleget wîsheit sterke und arzenîe,
dar zuo habet ir engelkœre drîe,
die mit willen leistent iur gebot: 45
welt ir mîn lop, sô sît bescheiden
und schadet allerêrst den heiden:
lopt ich iuch ê, daz wære ir spot.

Swelch herre nieman niht versaget,
der ist an gebender kunst verschraget: 50
der muoz iemer nôtic sîn od triegen.
zehen versagen sint bezzer danne ein liegen.
geheize minre unde grüeze baz,
well er ze rehte umb êre sorgen.
swes er niht müge ûz geborgen   55
noch selbe enhabe, versage doch daz.

Man hôhgemâc, an friunden kranc,
daz ist ein swacher habedanc:
baz hilfet .. friuntschaft âne sippe.
lâ einen sîn geborn von küneges rippe: 60
er enhabe friunt, waz hilfet daz?
mâgschaft ist ein selbwahsen êre:
sô muoz man friunde verdienen sêre.
mâc hilfet wol, friunt verre baz.

Swer sich ze friunde gewinnen lât   65
und ouch dâ bî die tugende hât
daz er sich âne wanken lât behalten,

₄₂. *tiuvels vîent* heisst Raphael wol mit hinblick auf Tobias, cap. 8, wo erzählt wird, wie er den teufel bewältigt, der die sieben männer der Sara getödtet hat.   ₄₃. Der name Gabriel wird gedeutet als „stärke gottes", Raphael als „heilung gottes", Michael als „wer ist wie gott?" Vgl. Laurin 239 *scnte Michahêl der wîse*. Ein alter hymnus (Mone I, 314) schreibt dem von Michael geleiteten engelkore besondere weisheit zu.

des friundes mac man gerne schône walten.
ich hân eteswenne friunt erkorn
sô sinewel an sîner stæte,   70
swie gerne ich in behalten hæte,
daz ich in muoste hân verlorn.

Swer mir ist slipfic als ein îs
und mich ûf hebt in balles wîs,
sinewell ich dem in sînen handen,   · 75
daz sol zunstæte nieman an mir anden,
sît ich dem getriuwen friunde bin
einlœtic unde wol gevieret.
swes muot mir ist sô vêch gezieret,
nû sus nû sô, dem walge ich hin.   80

Sich wolte ein ses gesibent hân
ûf einen hôhvertigen wân:
sus strebte ez sêre nâch der übermâze.
swer der mâze brechen wil ir strâze,
dem gevellet lîhte ein enger pfat.   85
hôhvertic ses, nû stant gedrîet!
dir was zem sese ein velt gefrîet:
nû smiuc dich an der drîen stat.

Unmâze, nim dich beidiu an,
manlîchiu wîp, wîplîche man: 90
pfafîche ritter, ritterlîche pfaffen,
mit den solt dû dînen willen schaffen:
ich wil dir sie gar ze stiure geben,
und alte jungherren für eigen:
ich wil dir junge altherren zeigen,   95
daz sie dir twerhes helfen leben.

Wer sleht den lewen? wer sleht den risen?
wer überwindet jenen und disen?
daz tuot jener der sich selben twinget
und alliu sîniu lit in huote bringet,   100
ûz der wilde in stæter zühte habe.
geligeniu zuht und schame vor gesten

mügen wol eine wîle erglesten:
der schîn nimt drâte ûf und abe.

Wolveile unwirdet mangen lîp.   105
ir werden man, ir reiniu wîp,
niht ensît durch kranke miete veile.
ez muoz sêre stên an iuwerm heile,
welt ir iuch vergeben vinden lân.
zundankę wolveile unwirdet sêre: 110
dâ bî sô swachet iuwer êre.
und ziuhet doch ûf smæhen wân.

Swelch man wirt âne muot ze rîch,
wil er ze sêre striuzen sich
ûf sîne rîcheit, sô wirt er ze hêre.   115
ze rîch und zarm diu leschent beide sêre
an sumelîchen liuten rehten muot.
swâ übric rîcheit zühte slucket
und übric armuot sinne zucket,
dâ dunket mich enwederz guot.   120

Diu minne ist weder man noch wîp,
si hât noch sêle noch den lîp,
si gelîchet sich dekeinem bilde.
ir name ist kunt, si selbe ist aber wilde,
unde enkan doch nieman âne sie   125
der gotes hulden niht gewinnen
. . . .
si kam in valschez herze nie.
    Ez ist in unsern kurzen tagen
nâch minne valsches vil geslagen: 130
swer aber ir insigel rehte erkande,
dem setze ich mîne wârheit des ze pfande,

---

108 **ff.** Es ist besser sich umsonst zu einem dienste bereit finden zu
lassen, als wider seine neigung um eines geringen lones willen. Dabei
leidet man an seiner ehre schaden, und es läuft doch bloss auf eine elende
hoffnung hinaus.

wolt er ir geleite volgen mite,
daz in unfuoge niht erslüege.
minn ist ze himel sô gefüege, 135
daz ich sie dar geleites bite.

79 (L. 16,1. 84,14).

Von Rôme keiser hêre, ir hât alsô getân
ze mînen dingen, daz ich iu muoz danken lân:
in kan iu selbe niht gedanken als ich willen hân,
Ir hât iuwer kerzen kündeclîchen mir gesendet.
diu hât unser hâr vil gar besenget an den brân, 5
Unde hât ouch uns der ougen vil erblendet:
doch hânt sie mir des wîzen alle vil gewendet.
sus mîn frume und iuwer êre ir schilhen hât geschendet.

Sie frâgent mich vil dicke, waz ich habe gesehen,
swenn ich von hove rîte, und waz dâ sî geschehen. 10
ich liuge ungerne, und wil der wârheit halber niht
            verjehen.
Ze Nüerenberc was guot gerihte, daz sage ich ze mære.
umbe ir milte fråget varndez volc: daz kan wol spehen.
Die seiten mir, ir malhen schieden danne lære:

79,1 ff. Vgl. einl. s. 12. Die *kerze* in z. 4 ist vielleicht nur ein bild-
licher ausdruck für das vom kaiser gesandte geschenk. Es fehlt aber an
einer befriedigenden erklärung dafür, wie der dichter dazu gekommen sein
könnte dies bild anzuwenden. Wackernagel (Baseler bischofs- und dienst-
mannenrecht s. 26) nimmt *kerze* im eigentlichen sinne und leitet eine er-
klärung ab aus der verpflichtung der Baseler bischöfe zu lichtmess ihren
in der frauenkirche anwesenden dienstmannen kerzen zu geben. Er nimmt
an, dass auch für den kaiser eine ähnliche verpflichtung gegen seine dienst-
mannen bestanden habe, unter die Walther durch seine belehnung aufge-
nommen sei, und dass die übersendung an einen nichtanwesenden für eine
besondere auszeichnung gegolten habe. Das sind aber annahmen, die zu
wenig fest begründet und kaum wahrscheinlich sind. Noch weniger zu-
lässig scheint es 70b,1 auf ähnliche weise zu erklären.   9. Hoftage zu
Nürnberg, bei denen Leopold von Oestreich anwesend war, fanden statt im
märz 1200, im februar 1209, im mai 1212, im jan. 1217, ende okt. und an-
fang nov. 1219, im juni 1224, im nov. 1225. Da aber aus z. 13 hervorzu-
gehen scheint, dass Walther selbst nicht auf freigebigkeit der fürsten re-
flectierte, so wird der spruch nach seiner belehnung fallen. Man setzt ihn
jetzt allgemein in das jahr 1224 ohne völlig zureichenden grund.

unser heimschen fürsten sint sô hovebære,   15
daz Liupolt eine müeste geben, wan daz er ein gast
                                        dâ wære.

Von Kölne werder bischof, sît von schulden frô.
ir hât dem rîche wol gedienet, und alsô
daz iuwer lop da enzwischen stîget unde sweibet hô.
Sî iuwer werdekeit dekeinen bœsen zagen swære,   20
fürsten meister, daz sî iu als ein unnütze drô.
Getriuwer küneges pflegære, ir sît hôher mære,
keisers êren trôst baz danne ie kanzelære,
drîer künege und einlif tûsent megede kamerære.

Ich drabe dâ her vil rehte drîer slahte sanc,   25
den hôhen und den nidern und den mittelswanc,
daz mir die rederîchen iegeslîches sagen danc.
Wie könd ich der drîer einen nû ze danke gesingen?
der hôhe der ist mir ze starc, der nider gar ze kranc,
Der mittel gar ze spæhe an disen twerhen dingen. 30
nû hilf mir, edeler küneges rât, da enzwischen dringen,
daz wir als ê ein ungehazzet liet zesamene bringen.

Swes leben ich lobe, des tôt den wil ich iemer klagen.
sô wê im der den werden fürsten habe erslagen
von Kölne! ouwê des daz in diu erde mac getragen! 35
Ine kan im nâch sîner schulde keine marter vinden:
im wære alze senfte ein eichîn wit umb sînen kragen,
In wil sîn ouch niht brennen noch zerliden noch schinden
noch mit dem rade zerbrechen noch ouch dar ûf binden:
ich warte allez ob diu helle in lebende welle slinden. 40

----

15. 16. Diese zeilen sind trotz aller auseinandersetzungen darüber
(vgl. ausser den ausgaben Germania V, 6; XX, 262; Menzel 301; Blätter f. d.
bair. gymn. XI, 214) noch nicht befriedigend erklärt.   17 ff. Vgl. einl.
s. 12. 13.   24. Köln rühmt sich die gebeine der heiligen drei könige
zu verwahren, sowie die der 11000 jungfrauen, die nach der sage dem kaiser
Karl im kampfe gegen die Saracenen beistanden.   25 ff. Es ist unmög-
lich sich von den drei hier von Walther unterschiedenen arten des gesanges
eine genauere vorstellung zu machen.

Swer an des edeln lantgrâven râte sî,
durch sîne hübscheit, er sî dienstman oder frî,
der mane in umb mîn lêren sô daz ich in spür dâ bî.
Mîn junger herre ist milte erkant, man seit mir er sî stæte,
dar zuo wol gezogen: daz sint gelobter tugende drî. 45
Ob er die vierden tugent willeclîchen tæte,
sô gienge er ebene und daz er selten missetræte;
wære unsûmic. sûmunge schat dem snite und schat
                          der sæte.

Rich, herre, dich und dîne muoter, der megede kint,
an den die iuwers erbelandes vînde sînt.   50
lâ dir den kristen zuo dem heiden beide sin als den wint:
Dû weist wol daz die heiden dich niht irrent alters eine.

    ·   ·   ·   ·   ·   ·   ·   ·

    ·   ·   ·   ·   ·   ·   ·   ·

die sint wider dich doch offenlîche unreine,   55
dise unreiner, diez mit in sô stille habent gemeine.

Bote, sage dem keiser sînes armen mannes rât,
daz ich deheinen bezzern weiz als ez nû stât:
ob in guotes unde liute nieman erbeiten lât,
Sô var er balde und kome uns schiere, lâze sich   60
                          niht tœren:
irre ouch etelîchen der got und in geirret hât;
Die rehten pfaffen warne, daz sie niht gehœren
den unrehten die daz rîche wænent stœren;
scheide sie von in, oder scheides alle von den kœren.

Solt ich den pfaffen râten an den triuwen mîn,   65
sô spræche ir hant den armen zuo 'sê daz ist dîn':
ir zunge sunge unde lieze manegem man daz sîn;
Gedæhten daz ouch sie durch got ê wâren almuosenære:
dô gap in êrste geltes teil der künic Constantîn.
Het er gewest daz dâ von übel künftic wære,   70
sô het er wol underkomen des rîches swære;
wan daz sie dô wâren kiusche und übermüete lære.

Mîn alter klôsenære, von dem ich sô sanc,
dô uns der erre bâbest alsô sêre twanc
der fürhtet aber der goteshûse, ir meister werden   75
          kranc.
Er seit, ob sie die guoten bannen und den übeln singen,
man swenke in engegene den vil swinden widerswanc.
An pfrüenden und an kirchen müge in misselingen;
der sî vil die dar ûf iezuo haben gedingen
dazs ir guot verdienen umb daz rîche in liehten   80
          ringen.

Mehtiger got, dû bist sô lanc und bist sô breit,
gedæht wir dâ nâch, daz wir unser arebeit
vlürn. dir sint beide ungemezzen maht und êwekeit.
Ich weiz bî mir wol daz ein ander ouch dar umbe trahtet:
sô ist ez, als ez ie was, unsern sinnen unbereit.   85
Dû bist ze grôz, dû bist ze kleine: ez ist ungahtet.
tumber gouch, der dran betaget oder benahtet!
wil er wizzen daz nie wart gepredjet noch gepfahtet?

80 (L. 13,5).

Ouwê waz êren sich ellendet von tiuschen landen!
witze und manheit, dar zuo silber und daz golt,
Swer diu beidiu hât, belîbet der mit schanden,
wie den vergât des himeleschen keisers solt!
Dem sint die engel noch die frouwen holt.   5
armman zuo der werlte und wider got,
wie der fürhten mac ir beider spot!
  Ouwê ez kumt ein wint, daz wizzet sicherlîche,
dâ von wir hœren beide singen unde sagen:
Der sol mit grimme ervaren elliu künicrîche.   10
daz hœre ich wallære unde pilgerîne klagen:
Boume, türne, ligent vor im zerslagen:

---

73. Vgl. zu 67,46. 80,1 ff. Vgl. einl. s. 13. Die zweite und vierte zeile sind in den beiden ersten strophen um eine hebung kürzer als in den beiden letzten. Lachm. trennt die einzelnen strophen von einander. 12. Lachmann bemerkt, der dichter deute vielleicht auf den grossen Sturm im dec. 1227; aber es ist von einem erst bevorstehenden, prophezeiten sturm die rede. Anzunehmen, dass Walther gleichzeitig auf den bann Gregors deute, ist trotz der bestimmtheit, mit der dies Lachmann behauptet, durch nichts indiciert.

starken liutẹn wæt er diu houbet abe.
nû suln wir fliehen hin ze gotes grabe.

Ouwê wir müezẹgen liute, wie sîn wir versezzen   15
zwischen zwein fröuden nider an die jâmerlîchen stat!
Aller arebeite heten wir vergezzen,
dô uns der kurze sumer sîn gesinde wesen bat.
Der brâhte uns varnde bluomen unde blat:
dô trouc uns der kurze vogelsanc.   20
wol im der ie nâch stæten fröuden ranc!

Ouwê der wîse die wir mit den grillen sungen,
dô wir uns solten warnen gegen des kalten winters zît!
Daz wir vil tumben mit der âmeizen niht rungen,
diu nû vil werdeclîche bî ir arebeiten lît!   25
Daz was ie der werlte strît,
tôren schulten ie der wîsen rât.
man siht wol dort wer hie gelogen hât.

81 (L. 124,1).

Ouwê war sint verswunden alliu mîniu jâr?
ist mir mîn leben getroumet, oder ist ez wâr?
daz ich ie wânde daz iht wære, was daz iht?
dar nâch hân ich geslâfen und enweiz es niht.
nû bin ich erwachẹt, und ist mir unbekant   5
daz mir hie vor was kündic als mîn ander hant.
liut unde lant, dâ ich von kinde bin erzogen,
die sint mir frömde wordẹn reht als ez sî gelogen.
die mînẹ gespilen wâren, die sint træge und alt.
bereitet ist daz velt, verhouwen ist der walt: 10
wan daz daz wazzer fliuzet als ez wîlent flôz,
für wâr ich wândẹ mîn ungelücke würde grôz.
mich grüezet maneger trâgẹ, der mich bekande ê wol.
diu werlt ist allenthalben ungenâden vol.
als ich gedenke an manegen wünneclîchen tac,   15

<hr>

26. Es fehlt eine hebung.   81,1 ff. Vgl. Zarncke, Beitr. II, 574.
Man hat mit unrecht die situation so aufgefasst, als ob Walther, nach
längerer abwesenheit in die heimat zurückgekehrt, dieselbe ganz verändert
finde. Er wird sich vielmehr plötzlich der grossen veränderungen bewusst,
die seit seiner jugend um ihn her vor sich gegangen sind.

die mir sint enpfallen gar als in daz mer ein slac,
iemer mêre ouwê.

Ouwê wie jæmerlîche junge liute tuont!
den vil unriuweclîche ir gemüete stuont,
die kunnen niuwan sorgen: wê wie tuont sie sô?   20
swar ich zer werlte kêre, dâ ist nieman frô:
tanzen, singen, daz zergât mit sorgen gar:
nie kristenman gesach sô jæmerlîchiu jâr.
nû merket wie den frouwen ir gebende stât:
die stolzen ritter tragent dörpellîche wât.   25
uns sint unsenfte brieve her von Rôme komen,
uns ist erloubet trûren und fröude gar benomen.
daz müet mich inneclîchen (wir lebten ie vil wol),
daz ich nû für mîn lachen weinen kiesen sol.
die wilden vogele betrüebet unser klage: 30
waz wunders ist, ob ich dâ von verzage?
waz spriche ich tumber man durch mînen bœsen zorn?
swer dirre wünne volget, der hât jene dort verlorn.
iemer mêre ouwê.

Ouwê wie uns mit süezen dingen ist vergeben!   35
ich sihe die [bittern] gallen mitten in dem honege sweben.
diu werlt ist ûzen schœne, wîz grüen unde rôt,
und innân swarzer varwe, vinster sam der tôt.
swen si nû habe verleit, der schouwe sînen trôst:
er wirt mit swacher buoze grôzer sünde erlôst.   40
dar an gedenket, ritter: ez ist iuwer dinc.
ir traget die liehten helme und manegen herten rinc,
dar zuo die vesten schilte und diu giwîhten swert.
wolte got, wær ich der sigenünfte wert!
sô wolte ich nôtic man verdienen rîchen solt.   45
joch meine ich niht die huoben noch der herren golt:
ich wolte selbe krône êweclîchen tragen:
die möhte ein soldenære mit sîme sper bejagen.
möht ich die lieben reise gevaren über sê,
sô wolte ich denne singen 'wol', und niemer mêre
'ouwê'.   50

_____

26. Gemeint ist die bannung Friederichs.   31. Es fehlt eine
hebung.

82 (L. 76,₂₂).

Vil süeze wære minne,
berihte kranke sinne.
got, durch dîn anbeginne
bewar die kristenheit.
Dîn kunft ist frônebære   5
übr al der werlte swære.
der weisen barmenære,
hilf rechen disiu leit.
Lœsær ûz den sünden,
wir gern zen swebenden ünden.   10
uns mac dîn geist enzünden,
wirt riuwic herze erkant.
dîn bluot hât uns begozzen,
den himel ûf geslozzen.
nû lœset unverdrozzen   15
daz hêrebernde lant.
verzinset lîp und eigen.
got sol uns helfe erzeigen
ûf den der manegen veigen
der sêle hât gepfant.   20
  Diz kurze leben verswindet,
der tôt uns sündic vindet:
swer sich ze gote gesindet,
der mac der helle engân.
Bî swære ist gnâde funden: 25
nû heilent Kristes wunden.
sîn lant wirt schiere enbunden:
dêst sicher sunder wân.
Küngîn ob allen frouwen,
lâ wernde helfe schouwen.   30
dîn kint wart dort verhouwen,
sîn menscheit sich ergap.
sîn geist müez uns gefristen,

82,₁. *minne* wird gott angeredet nach 1. Joh. 4, 8. 16 *deus caritas est.*
Speciell wird sonst der heilige geist so bezeichnet.   ₃. *anbeginne* ist
hier nicht recht verständlich. Die auffassung „menschwerdung" ist be-
denklich.   ₁₃. Vgl. 94,₄₇. Christus ist hier als osterlamm gefasst,
mit dessen blute nach alttestamentlicher sitte das volk bespritzt ward.

daz wir die diet verlisten.
der touf sie seit unkristen: 35
wan fürhtent sie den stap
der ouch die juden villet?
ir schrîen lûte erhillet.
manc lop dem kriuze erschillet:
erlœsen wir daz grap!   40
   Diu menscheit muoz verderben,
suln wir den lôn erwerben.
got wolde durch uns sterben,
sîn drô ist ûf gespart.
Sîn kriuze vil gehêret   45
hât maneges heil gemêret.
swer sich von zwîvel kêret,
der hât den geist bewart.
Sündic lîp vergezzen,
dir sint diu jâr gemezzen: 50
der tôt hât uns besezzen
die veigen âne wer.
nû hellet hin gelîche,
dâ wir daz himelrîche
erwerben sicherlîche   55
bî dulteclîcher zer.
got wil mit heldes handen
dort rechen sînen anden.
sich schar von manegen landen
des heilegeistes her.   60
   Got, dîne helfe uns sende:
mit dîner zesewen hende
bewar uns an dem ende,
sô uns der geist verlât,
Vor helleheizen wallen,   65
daz wir dar in iht vallen.
ez ist wol kunt uns allen,
wie jâmerlîch ez stât,
Daz hêre lant vil reine,
gar helfelôs und eine.   70
Ierusalêm, nû weine:
wie dîn vergezzen ist!

der heiden überhêre
hât dich verschelket sêre.
durch dîner namen êre   75
lâ dich erbarmen, Krist,
mit welher nôt sie ringen,
die dort den borgen dingen.
dazs uns alsô betwingen,
daz wende in kurzer frist.   80

83 (L. 14,38).

Allerêrst lebe ich mir werde,
sît mîn sündic ouge siht
Daz hêre lant und ouch die erde
der man vil der êren giht.
Mirst geschehen des ich ie bat: 5
ich bin komen an die stat
dâ got mennischlîchen trat.
   Schœniu lant rîch unde hêre,
swaz ich der noch hân gesehen,
Sô bist dûz ir aller êre.   10
waz ist wunders hie geschehen!
Daz ein maget ein kint gebar
hêre übr aller engel schar,
was daz niht ein wunder gar?
   Hie liez er sich reine toufen,   15
daz der mensche reine sî.
Dô liez er sich hie verkoufen,
daz wir eigen würden frî.
Anders wæren wir verlorn.

---

73. Unverständlich.   83,1 ff. Vgl. einl. s. 14. Wilmanns will
nur die in A überlieferten strophen 1—21. 29—42. 50—56. 71—77 als echt gelten
lassen, schwerlich mit recht. E bietet nach der ersten strophe noch fol-
gende: *Me danne tusent hundert wunder   die von disme lande sint   die kan
ich ichte mer besunder   unde gehalten denne ein cleine kint   wenne ein teil
von unser e   swem des niht genuoge der ge   zuo den iüden die sagent im me.*
F bietet eine vereinzelte strophe des gleichen tones, aber von ganz anderem
inhalt: *Vrawe mein durch ewer gute   nue vernemet meine clage   das ir durch
ewer hochgemute   nich enzurnet was ich sage   vil leichte das ein tummer man
misseredet als er wol kan* 'daran solt jr euch nicht keren an.*

wol dir, sper kriuz unde dorn!   20
wê dir, heiden! deist dir zorn.
  Do er sich wolte übr uns erbarmen,
hie leit er den grimmen tôt,
Er vil rîche übr uns vil armen,
daz wir kœmen ûz der nôt.   25
Daz in dô des niht verdrôz,
dast ein wunder alze grôz,
aller wunder übergnôz.
  Hinnen fuor der sun zer helle
von dem grabe, da'r inne lac.   30
Des was ie der vater geselle,
und der geist, den nieman mac
Sunder scheiden: êst al ein,
sleht und ebener danne ein zein,
als er Abrahâme erschein.   35
  Do er den tievel dô geschande,
daz nie keiser baz gestreit,
Dô fuor er her wider ze lande.
dô huob sich der juden leit,
Daz er herre ir huote brach,   40
und daz man in sît lebendic sach,
den ir hant sluoc unde stach.
  Dar nâch was er in dem lande
vierzic tage: dô fuor er dar
Dannen in sîn vater sande.   45
sînen geist, der uns bewar,
Den sant er hin wider zehant.
heilic ist daz selbe lant:
sîn name der ist vor gote erkant.
  In diz lant hât er gesprochen   50
einen angeslîchen tac,
Dâ diu witwe wirt gerochen

---

34. Vgl. 1. Mos. 18. Der dort gegebene bericht wird als ein beweis
für die dreieinigkeit aufgefasst, weil die drei männer von Abraham zuerst
im pl., dann im sing. angeredet werden: *domini mei, nunc inveni gratiam in
oculis tuis, ne quaeso praetereas a servo tuo.*   50. Das jüngste gericht
findet nach dem mittelalterlichen glauben im tale Josaphat statt auf grund
von Joel cap. 3.

und der weise klagen mac
Und der arme den gewalt
der dâ wirt mit ime gestalt. 55
wol im dort, der hie vergalt!
    Unser lantrehtære tihten
fristet dâ niemannes klage:
Wan er wil zestunden rihten,
so ez ist an dem lesten tage: 60
Und swer deheine schulde hie lât
unverebenet, wie der stât
dort da er pfant noch bürgen hât!
    Ir enlât iuch niht verdriezen
daz ich noch gesprochen hân. 65
Sô wil ich die rede besliezen
kurzlich, und iuch wizzen lân
Swaz got mit der werlte ie
. . . . . begie,
daz huob sich unde endet hie. 70
    Kristen juden und die heiden
jehent daz diz ir erbe sî:
Got müez ez ze rehte scheiden
durch die sîne namen drî.
Al diu werlt diu strîtet her: 75
wir sîn an der rehten ger:
reht ist daz er uns gewer.

84 (L. 101,₂₃).

Selbwahsen kint, dû bist ze krump,
sît nieman dich gerihten mac.
dû bist dem besemen leider alze grôz,
den swerten alze kleine.
nû slâf unde habe gemach. 5
Ich hân mich selben des ze tump,

84,₁. Diesen spruch bezieht Daffis auf den jungen könig Heinrich
und basiert darauf namentlich seine ansicht, dass Walther dessen erzieher
gewesen sei, vgl. einl. s. 12 anm. Anders Wackernagel zu Simrocks über-
setzung II, 185 und Karajan, Zwei gedichte Walthers 13 ff. Lachmann setzt
die strophe in das jahr 1205 und Wilmanns bezieht sie auf Philipp. Keine
dieser vermutungen ist zureichend begründet.

daz ich dich ie sô hôhe wac.
ich barc dîn ungefüege in friundes schôz,
mîn leit bant ich ze beine,
mînen rügge ich nâch dir brach.   10
Nû sî dîn schuole meisterlôs an mîner stat: ich kan
dir niht.
kan ez ein ander baz, deist mir liep, swaz liebes dir
dâ von geschiht.
doch weiz ich wol, swâ sîn gewalt ein ende hât,   dâ
stêt sîn kunst noch sunder obedach.

Ich was durch wunder ûz gevarn:
dô vant ich wunderlîchiu dinc.   15
ich vant die stüele leider lære stân,
dâ wîsheit adel und alter
gewalteclîche sâzen ê.
Hilf, frouwe maget, hilf, megede barn,
den drin noch wider in den rinc,   20
lâ sie niht lange ir sedeles irre gân.
ir kumber manicvalter
der tuot mir von herzen wê.
Ez hât der tumbe rîche nû ir drîer stuol, ir drîer gruoz.
ouwê daz man dem einen an ir drîer stat nû nîgen 25
muoz!
des hinket reht und trûret zuht und siechet schame.
diz ist mîn klage: noch klagte ich gerne mê.

Diu Minne lât sich nennen dâ
dar si doch niemer komen wil:
si ist dem tôren in dem munde zam,
und in dem herzen wilde.   30
hüetet ir iuch reinen wîp.
Vor kinden berget iuwer jâ:
so enwirt ez niht ein kindes spil.
Minn unde kintheit sint ein ander gram.

---

13. Da findet seine kunst keinen abschluss, bleibt wirkungslos (?).
Die erklärung und auch die herstellung des textes ist unsicher. Vgl. Pfeiffer,
Germ. VI, 365.   14 ff. Diese klage ist nachgeahmt vom Stricker, Kleine
gedichte ed. Hahn 12,117 ff.

vil dicke in schœnem bilde   35
siht man leider valschen lîp.
Ir sult ê spehen, war umbe, wie, wenn unde wâ reht
                                             unde weme,
ir iuwer minneclîchez jâ sô teilet mite daz ez gezeme.
sich, Minne, sich, swer alsô spehe, der sî dîn kint.   sô
                 wîp sô man: die andern dû vertrîp.

85 (L. 85,₂₅).

Ich sach hie vor eteswenne den tac,
daz unser lop was gemein allen zungen.
Swâ uns dehein lant iender nâhe gelac,
daz gerte suone oder ez was betwungen.
Rîcher got, wie wir nâch êren dô rungen!   5
dô rieten die alten, und tâten die jungen.
nû krumb die rihter sint, —
(diz bîspel ist ze merkenne blint)
swaz nû dâ von geschehe, meister, daz vint.

86 (L. 104,₃₃).

Daz milter man gar wârhaft sî,
geschiht daz, dâ ist wunder bî.
der grôze wille der dâ ist,
wie mac der werdẹn verendet?
Dêswâr dâ hœret witze zuo   5
und wachen gegen dem morgen fruo
und anders manec schœner list,
daz ez iht werde erwendet.
Der alsô tuot,
der sol den muot   10
an riuwe selten kêren:
mit witzen sol erz allez wegen,
und lâze got der sælden pflegen.
sô sol man stegen
nâch lange wernden êren.   15

85,₁₁ ff. Von Rieger auf die regierung Heinrichs bezogen vgl. zu 71,₂₇.
₇—₉. Der text ist verderbt und das versmass nicht in ordnung.

87 (L. 87,1).

Nieman kan mit gerten
kindes zuht beherten:
den man zêren bringen mac,
dem ist ein wort als ein slac.
Dem ist ein wort als ein slac,   5
den man zêren bringen mac:
kindes zuht beherten
nieman kan mit gerten.
　Hüetet iuwer zungen:
daz zimt wol den jungen.   10
stôz den rigel für die tür,
lâ kein bœse wort dar für.
Lâ kein bœse wort dar für,
stôz den rigel für die tür:
daz zimt wol den jungen.   15
hüetet iuwer zungen.
　Hüetet iuwer ougen
offenbâre und tougen.
lât sie guote site spehen
und die bœsen übersehen.   20
Und die bœsen übersehen
lât sie, guote site spehen.
offenbâre und tougen
hüetet iuwer ougen.
　Hüetet iuwer ôren,   25
oder ir sît tôren.
lât ir bœsiu wort dar in,
daz gunêret iu den sin.
Daz gunêret iu den sin,
lât ir bœsiu wort dar in.   30
oder ir sît tôren,
hüetet iuwer ôren.
　Hüetet wol der drîer
leider alze frîer.
zungen ougen ôren sint   35
dicke schalchaft, zêren blint.
Dicke schalchaft, zêren blint

zungen ougen ôren sint.
leider alze frîer
hüetet wol der drîer.   40

88 (L. 102,₂₉).

Mirst diu êre unmære,
dâ von ich ze jâre würde unwert,
Und ich klagende wære
'wê mir armen hiure! diz waz vert.'
Alsô hân ich mangen kranz verborn   5
und bluomen vil verkorn.
jô bræche ich rôsen wunder, wan der dorn.
    Swer sich sô behaltet
daz im nieman niht gesprechen mac,
Wünneclîche er altet,   10
im enwirret niht ein halber tac.
Des ist frô, sweun er ze tanze gât,
swes herze ûf êre stât.
wê im, des sîn geselle unêre hât!
    Man sol iemer frâgen   15
von dem man, wiez umb sîn herze stê.
Swen des wil betrâgen,
der enruochet wie diu zît zergê.
Maneger schînet vor den frömden guot,
und hât doch valschen muot.   20
wol im ze hove, der heime rehte tuot!

89 (L. 59,₃₇).

Wie sol man gewarten dir,
Werlt, wilt alsô winden dich?
Wænest dich entwinden mir?
nein: ich kan ouch winden mich.
Dû wilt sêre gâhen,   5
und ist vil unnâhen
daz ich dir noch sül versmâhen.
    Dû hâst lieber dinge vil,
der mir einez werden sol.
Werlt, wiech daz verdienen wil!   10
doch solt dû gedenken wol

Obe ich ie getræte
fuoz von mîner stæte,
sît dû mich dir dienen bæte.
Werlt, du ensolt niht umbe daz   15
zürnen, ob ich lônes man.
Grüeze mich ein wênic baz,
sich mich minneclîchen an.
Dû maht mich wol pfenden
und mîn heil erwenden: 20
daz stêt, frouwe, in dînen henden.
Ichn weiz wie dîn wille stê
wider mich: der mîne ist guot
Wider dich. waz wil dûs mê,
Werlt, von mir, wan hôhen muot?   25
Wilt dû bezzer wünne,
danne man dir günne
fröude und der gehelfen künne?
Werlt, tuo mê des ich dich bite,
volge wîser liute tugent.   30
Dû verderbest dich dâ mite,
wil dû minnen tôren jugent.
Bite die alten êre,
daz si wider kêre
und ab dîn gesinde lêre.   35

90 (L. 116,33. 117,7).

Bî den liuten nieman hât
hovelîchern trôst denn ich:

89,27. 8 unverständlich.   35. E fügt noch zwei strophen hinzu
Werlt wie lange sol ich gern   du weist wol wes unde wa   du muost mines
fraude enpern   mir enwerde buoz alda   get heim hie ist gesungen   wirde ich
hie verdrungen   so beslüzze ich mine zungen.   Ich han ir (dir Lachm.*) ge-*
dienet so   werlt daz ich mis niht schame   swie du mich   mit lone maches fro
dir geschiht vil lihte alsame   ich wölte oc ein vil cleine   weistu waz ich meine
wider liebe liep daz eine.   90,1 ff. Die strophen dieses tones stehen
hier in der handschriftlichen reihenfolge. Lachmann und die übrigen heraus-
geber stellen die zweite strophe mit der vierten und fünften zu einem liede
zusammen. Veranlassung dazu waren metrische ungleichmässigkeiten, die
aber wol durch die überlieferung verschuldet sind. Z. 2 und 16 haben jetzt
eine hebung zu wenig. In den beiden letzten strophen hat die vorletzte

Sô mich sende nôt bestât,
sô schîne ich geil und trœste selben mich.
Alsô hân ich dicke mich betrogen   5
und durch die werlt manege frôude erlogen:
daz liegen was ab lobelich.
  Leider ich muoz mich entwenen
maneger wünne der mîn ouge an sach:
War nâch sol sich einer senen,   10
der niht geloubet waz hie vor geschach?
Der weiz lützel waz daz sî, gemeit.
deist senender muot mit gerender arebeit.
unsælic sî daz ungemach!
  Maneger wænet, der mich siht,   15
mîn herze sî an frôuden hô.
Hôher frôude hân ich niht,
und wirt mir niemer wider, wan alsô:
Werdent tiusche liute wider guot,
und trœstet si mich, diu mir leide tuot,   20
sô wirde ich aber wider frô.

Ich hân ir gedienet vil,
der Werlte, und wolte ir gerne dienen mê,
Wan dazs übel danken wil,
und wænet daz ich mich des niht verstê.   25
Ich verstên michs wol an eime site:
des ich aller sêrest ger, sô ich des bite,
sô gît siz einem tôren ê.
  Ichn weiz wiechz erwerben mac.
des man dâ pfligt, daz widerstuont mir ie: 30
Wirbe ab ich sô man ê pflac,
daz schadet mir lîhte: sus enweiz ich wie.
Doch verwæne ich mich der fuoge dâ,
daz der ungefüegen werben anderswâ
genæmer sî dan wider sie.   35

---

zeile eine hebung mehr als in den vorangehenden, wenn sie nicht mit zwei-
silbigem auftakt zu lesen ist.

91 (L. 100,24).

Frô Werlt, ir sult dem wirte sagen
daz ich im gar vergolten habe;
Mîn grôziu gülte ist abe geslagen;
daz er mich von dem brieve schabe.
Swer ime iht sol, der mac wol sorgen.   5
ê ich im lange schuldic wære, ich wolt ê zeinem juden
er swîget unz an einen tac: [borgen.
sô wil er danne ein wette hân,   sô jener niht ver-
   Walther, dû zürnest âne nôt: [gelten mac.
dû solt bî mir belîben hie.   10
Gedenke waz ich dir êren bôt,
waz ich dir dînes willen lie,
Als dû mich dicke sêre bæte.
mir was vil inneclîche leit daz dûz sô selten tæte.
bedenke dich: dîn leben ist guot: 15
sô dû mir rehte widersagest,   sô wirst dû niemer
   Frô Werlt, ich hân ze vil gesogen: [wol gemuot.’
ich wil entwonen, des ist zît.
Dîn zart hât mich vil nâch betrogen,
wand er vil süezer fröuden gît.   20
Do ich dich gesach reht under ougen,
dô was dîn schouwen wunderlîch al sunder lougen:
doch was der schanden alse vil,
dô ich dîn hinden wart gewar,   daz ich dich iemer
                                     schelten wil.
   ‘Sît ich dich niht erwenden mac,   25
sô tuo doch ein dinc des ich ger:
Gedenke an manegen liehten tac,
und sich doch underwîlent her
Niuwan sô dich der zît betrâge.’
daz tæt ich wunderlîchen gerne, wan deich fürhte 30
vor der sich nieman kan bewarn.   [dîne lâge,
got gebe dir, frouwe, guote naht: ich wil ze her-
                                     berge varn.

91,1. Der wirt ist der teufel, der als inhaber der welt gedacht wird,
dem man zu bezahlen hat, was man darin geniesst.   14. Diese zeile
ist um eine hebung zu kurz, z. 22 um zwei.   21 ff. Diese vorstellung
von der welt begegnet auch sonst, besonders in der erzählung Konrads
von Würzburg *Der welte lôn*.

92 (L. 66,21).

Ir reinen wîp, ir werden man,
ez stêt alsô daz man mir muoz
êr unde minneclîchen gruoz
noch volleclîcher bieten an.
Des   habet ir von schulden grœzer reht dan ê: 5
welt ir vernemen, ich sage iu wes.
wol   vierzec jâr hab ich gesungen oder mê
von minnen und als iemen sol.
Dô was ichs mit den andern geil:
nu enwirt mirs niht, ez wirt iu gar.   10
mîn minnesanc der diene iu dar,
und iuwer hulde sî mîn teil.

   Lât mich an eime stabe gân
und werben umbe werdekeit
mit unverzageter arebeit,   15
als ich von kinde habe getân:
Sô   bin ich doch, swie nider ich sî, der werden ein,
genuoc in mîner mâze hô.
daz   müet die nideren. ob mich daz iht swache? nein.
die biderben hânt mich deste baz.   20
Diu wernde wirde diust sô guot,
daz man irz hœhste lop sol geben.
ezn wart nie lobelîcher leben,
swer sô dem ende rehte tuot.

Werlt, ich hân dînen lôn ersehen: 25
swaz dû mir gîst, daz nimest dû mir.
wir scheiden alle blôz von dir.
scham dich, sol mir alsô geschehen.
Ich   hân lîp unde sêle (des was gar ze vil)
gewâget tûsentstunt durch dich: 30
nû   bin ich alt und hâst mit mir dîn gampelspil:

     92,1 ff. Vgl. einl. s. 3,1.   13. ,,Gesetzt auch ich ginge zu fuss
am wanderstabe (wie ein bettler).'' Walther war in wirklichkeit auch in
seiner dürftigsten zeit immer zu pferde, vgl. 76,38.   25 ff. Die drei
strophen gehören vielleicht zu einem liede zusammen.

ist mir daz zorn, sô lachest dû.
Nû lache uns eine wîle noch:
dîn jâmertac wil schiere komen,
und nimet dir swaz du uns hâst benomen,   35
und brennet dich dar umbe iedoch.

Mîn sêle müeze wol gevarn!
ich hân zer werlte manegen lîp
gemachet frô, man unde wîp:
künd ich dar under mich bewarn!   40
Lobe   ich des lîbes minne, deist der sêle leit:
si giht, ez sî ein lüge, ich tobe.
der   wâren minne giht si ganzer stætekeit,
wie guot si sî, wies iemer wer.
Lîp, lâ die minne diu dich lât,   45
und habe die stæten minne wert:
mich dunket, der dû hâst gegert,
diu sî niht visch unz an den grât.

Ich hâte ein schœnez bilde erkorn;
ouwê daz ich ez ie gesach   50
oder ie sô vil zuoz ime gesprach!
ez hât schœn unde rede verlorn.
Dâ   wonte ein wunder inne: daz fuor ine weiz war:
dâ von gesweic daz bilde iesâ.
sîn   liljerôsevarwe wart sô karkelvar,   55
daz ez verlôs smac unde schîn.
Mîn bilde, ob ich bekerkelt bin
in dir, sô lâ mich ûz alsô
daz wir ein ander vinden frô:
wan ich muoz aber wider in.   60

93 (L. 122,24).

Ein meister las,   troum unde spiegelglas,
daz sie zem winde   bî der stæte sîn gezalt.

---

40. Das gebilde ist der eigene leib.   93,1 ff. Die echtheit dieses
liedes ist angezweifelt. Indessen ist die künstlichkeit der form auch andern
gedichten aus Walthers späterer lebenszeit eigen, und aus derselben erklärt

Loup unde gras,   daz ie mîn fröude was,
swiech nû erwinde,   ez dunket mich alsô gestalt:
Dar zuo die bluomen manicvalt,   5
diu heide rôt, der grüene walt.
der vogele sanc ein trûric ende hât;
dar zuo diu linde   süeze und linde.
sô wê dir, Werlt, wie dirz gebende stât!

Ein tumber wân   den ich zer werlte hân,   10
derst wandelbære,   wand er bœsez ende gît:
Ich solt in lân   (wan ich mich wol verstân),
daz er iht gebære   mîner sêle grôzen nît.
Mîn armez leben in sorgen lît:
der buoze wære michel zît.   15
nû fürhte ich siecher man den grimmen tôt,
daz er mit swære   an mir gebære.
vor vorhten bleichent mir diu wangen rôt.

Wie sol ein man   der niuwan sünden kan,
.... gedingen   oder gewinnen hôhen muot?   20
Sît ich gewan   den muot daz ich began
zer werlte dingen   merken übel unde guot,
Dô greif ich, als ein tôre tuot,
zer winstern hant reht in die gluot,
und mêrte ie dem tiefel sînen schal.   25
des muoz ich ringen   mit geringen:
nû ringe und senfte ouch Jêsus mînen val.

Heiliger Krist,   sit dû gewaltic bist
der werlte gemeine,   die nâch dir gebildet sint,
Gip mir den list   daz ich in kurzer frist   30
alsam gemeine   dich sam dîniu erwelten kint.
Ich was mit sehenden ougen blint
und aller guoten dinge ein kint.

---

sich manches gesuchte im ausdruck. *las* in z. 1 bedeutet soviel als „dich-
tete‟, „sagte in seinem gedichte,‟ indem die nicht sangbaren gedichte ge-
wöhnlich durch vorlesen verbreitet wurden, und der dichter selbst der erste
vorleser zu sein pflegte. Das citat bezieht sich vielleicht auf Wolframs
Parzival 1, 20 ff.: *zin anderhalp ame glase gelîchet* (zinn, auf der rückseite
des glases geglättet, d. h. ein spiegel) *und des blinden troum, die gebent ant-
lützes roum* (schattenbild). *doch mac mit stæte niht gesin dirre trüebe lihte schin.*
4. Unverständlich.   23. Vgl. Liebrecht, Germania I, 475.

swiech mîne missetât der werlte hal.
mache mich reine,   ê mîn unreine   35
sêle versinke in daz verlorne tal.

94 (L. 3,1).

Got, dîner Trinitâte,
die beslozzen hâte
dîn fürgedanc mit râte,
der jehen wir: mit drîunge
diu drîe ist ein einunge.   5
  Ein got der hôhe hêre
(sîn ie selbwesende êre
verendet niemer mêre),
der sende uns sîne lêre.
uns hât verleitet sêre   10
die sinne ûf manege sünde
der fürste ûz helle abgründe.
  Sîn rât und blœdes fleisches gir
die hânt geverret, herre, uns dir.
sît disiu zwei dir sint ze balt   15
und dû der beider hâst gewalt,
Sô tuo daz dînem namen ze lobe,
und hilf uns daz wir mit dir obe
geligen, und daz dîn kraft uns gebe
sô starke stæte widerstrebe,   20
  Dâ von dîn name sî gêret
und ouch dîn lop gemêret.
dâ von wirt er gunêret,
der uns dâ sünde lêret

94,1 ff. Dies gedicht ist der einzige leich Walthers, d. h. ein der
form der lateinischen sequenzen nachgebildetes lied, aus 'ungleichen
strophen bestehend, aber doch nicht ohne eine gewisse symmetrische grup-
pierung. Ueber den bau dieses leiches handelt Bartsch, Germania VI, 187 ff.
Die richtigkeit seiner auffassung scheint mir aber nicht gesichert. Vgl.
ferner Schade, Wissenschaftl. monatsbl. III, 29. Eine berichtigung der Lach-
mannschen lesarten gibt Zarncke, Beitr. z. gesch. d. deutschen spr. VII, 599.
Sachliche anmerkungen bietet Fasching Germ. XXII, 436. XXIII, 34.

Und der uns ûf unkiusche jaget.   25
sîn kraft von dîner kraft verzaget.
des sî dir iemer lop gesaget,
und ouch der reinen süezen maget,
von der uns ist der sun betaget,
der ir ze kinde wol behaget.   30
Maget und muoter, schouwe   der christenheite nôt,
dû blüende gerte Ârônes,   ûf gênder morgenrôt,
Ezechîêles porte,   diu nie wart ûf getân,
durch die der künec hêrlîche   wart ûz und in gelân.
alsô diu sunne schînet   durch ganz geworhtez glas, 35
alsô gebar diu reine Krist,   diu maget und muoter was.
Ein bosch der bran,   dâ nie niht an   besenget noch
                                              verbrennet wart:
breit unde ganz   beleip sîn glanz   vor fiures flamme
                                              unverschart.
daz ist diu reine   maget alleine,   diu mit maget-
    Kindes muoter worden ist   [lîcher art   40
ân aller manne mitewist,
wider menneschlîchen list
den wâren Krist
gebar, der uns bedâhte.
Wol ir, daz si den ie getruoc,   45
der unsern tôt ze tôde sluoc!
mit sînem bluote er ab uns twuoc
den ungefuoc
den Êven schulde uns brâhte.
Salomônes   hôhes trônes   bist dû, frouwe, ein selde
        hêre und ouch gebieterinne.   50

---

31 ff. Die hier zum preise der jungfrau verwendeten epitheta und vergleichungen sind alle traditionell, schon vor Walther in der mittelalterlichen poesie angewendet. Am eingehendsten ist darüber gehandelt von W. Grimm in der vorrede zu seiner ausgabe der goldenen schmiede von Konrad von Würzburg. Weiteres bei Fasching.   32. Vgl. 4 Mos. 17, 8 und Hohelied 6, 9.   33. Vgl. Hesekiel 44, 2.   35. Häufiges bild für die unverletzte jungfräulichkeit, vgl. Grimm a. a. o. XXXI, 12.   37. Vgl. 2. Mos. 3, 2.   47. Vgl. zu 82,₁₃.   50. Vgl. Georg von Reinbot von Dürn 2706: hôhiu pfalz und frône hern Salomônes trône. Sonst wird Maria selbst Salomos thron genannt, vgl. 1 (3) Kön. 10, 18.   51. Vgl. Grimm XLIII, 2. XLI, 15.

balsamîte,   margarîte,   ob allen megden bist dû,
                              maget, ein maget, ein küneginne.
gotes amme,   ez was dîn wamme   ein palas kleine,
        dâ daz reine   lamp aleine   lac beslozzen inne.
    Dem lamme ist gar
gelîch gevar
der megede schar: 55
die nement sîn war
und kêrent swar ez kêret.
Daz lamp ist Krist,
der wâr got ist,
dâ von dû bist   60
nû alle frist
gehœhet und gehêret.
Nû bite in daz er uns gewer
durch dich des unser dürfte ger.
dû sende uns trôst von himel her: 65
des wirt dîn lop gemêret.
    Dû maget vil unbewollen,
der Gedeônes wollen
gelîchest dû bevollen,
die got begôz mit sîme himeltouwe.   70
Ein wort ob allen worten
entslôz dînr ôren porten,
des süeze an allen orten
dich hât gesüezet, süeze himelfrouwe.
    Daz ûz dem worte erwahsen sî,   75
daz ist von kindes sinnen frî.
ez wuohs ze worte und wart ein man.
dâ merket alle ein wunder an:
ein got der ie gewesende wart
ein man nâch menneschlîcher art.   80
swaz er noch wunders ie begie,
daz hât er überwundert hie.
des selben wunderæres hûs
was einer reinen megede klûs

    ₅₂. Vgl. Grimm XXXVI, 30.   ₅₃. Vgl. Apoc. 14, 4.   ₆₈. Vgl.
Richter 6, 37. 8.

wol vierzec wochen und niht mê   85
ân alle sünde und âne wê.

Nû biten wir die muoter   und ouch der muoter barn,
si reine und er vil guoter   daz sie uns tuon bewarn.
wan âne sie kan niemen   hie noch dort genesen;
und widerredet daz iemen,   der muoz ein tôre wesen. 90

Wie mac des iemer werden rât,
der umbe sîne missetât
niht herzelîcher riuwe hât,
sît got enheine sünde lât,

Die niht geriuwent zaller stunt   95
hin abe unz ûf des herzen grunt?
dem wîsen ist daz allez kunt,
daz niemer sêle wirt gesunt,
diu mit der sünden swert ist wunt,
sin habe von grunde heiles funt.   100

Nû ist uns riuwe tiure:
sie sende uns got ze stiure
bî sînem minnefiure.
sîn geist der vil gehiure

Der kan wol herten herzen geben   105
wâre riuwe und lîhtez leben:
dâ wider solte niemen streben.

Swâ er die riuwe gerne weiz,
dâ machet er die riuwe heiz:
ein wildez herze er alsô zamt,   110
daz ez sich aller sünden schamt.

Nû sende uns, vater unde sun, den rehten geist her abe,
daz er mit sîner süezen fiuhte ein dürres herze erlabe.
unkristenlîcher dinge ist al diu kristenheit sô vol.
swâ Kristentuom ze siechhûs lît, dâ tuot man im niht
                                            wol. 115

In dürstet sêre   nâch der lêre   als er von Rôme
                                            was gewon:
der im die schancte   und in   dâ trancte   als ê, dâ

Swaz im dâ leides ie gewar,   [würde er varnde von.
daz kam von simonîe gar,
und ist er dâ sô friunde bar,   120
daz ern getar

niht sînen schaden gerüegen.
kristentuom und kristenheit,
der disiu zwei zesamne sneit,
gelîche lanc, gelîche breit,   125
liep unde leit,
der wolte ouch daz wir trüegen
    In Kriste kristenlîchez leben.
sît er uns hât ûf ein gegeben,
sô suln wir uns niht scheiden.   130
swelch kristen kristentuomes giht
an worten und an werken niht,
der ist wol halp ein heiden.
nû ist uns ir beider nôt:
daz eine ist ân daz ander tôt: 135
nû stiure uns got an beiden,
    Und gebe uns rât,
sît er uns hât
sîn hantgetât
geheizen offenbâre.   140
nû senfte uns, frouwe, sînen zorn,
barmherzic muoter ûz erkorn,
dû frîer rôse sunder dorn,
dû sunnevarwiu klâre.
    Dich lobet der hôhen engel schar: 145
doch brâhten sie dîn lop nie dar
daz ez volendet würde gar,
    Swâ ez ie würde gesungen
in stimmen oder von zungen
ûz allen ordenungen   150
ze himel und ûf der erde.
ich mane dich, gotes werde,
    Wir biten umb unser sünde dich,
daz dû uns sîst genædiclich,
    Sô daz dîn bete erklinge   155
vor der barmunge urspringe:
sô hân wir des gedinge,
diu schulde werde ringe,

Dâ mite wir sêre sîn beladen.
hilf uns daz wir sie abe gebaden   160
　　Mit stæte wernder riuwe　　umb unser missetât,
die âne got und âne dich　　nieman ze gebenne hât.

Zweifelhaftes und unechtes.

95 (L. s. 183).

Sît mir dîn niht mêr werden mac,
wan daz ich kûme dich gesê,
Sô wünsche ich dir heiles naht und tac,
und bin doch iemer an der flê,
Daz dich got vor valscher diet bewar   5
und leite dich an aller engel schar.
ouch bite ich, swâ dû mich ersêst,
daz dû tougen
ein lützel mit den ougen
zuo mir neiges   10
und mir ein kleine liebe erzeiges:-
so enruoche ich, ob dû mich mit worten vêst.
　'Man mac wol offenbâre sehen
dîn scheiden an den ougen mîn:
Nû sprich, wie wære mir geschehen,   15
het ich getân den willen dîn?
So enwürde ich niemer rehte vrô.
du enkumest wider, ich wirde iedoch alsô.
dû bist mir ein fremder man.
wê warumbe   20
klage sô sêre ich tumbe,
durch daz eine,
daz wir ie wârn mit rede gemeine?
doch wizzę got deich dir wol ze lebenne gan.'
　Ich hân vil kleine an dir bejaget   25
wan under wîlen einen gruoz.

95,₁ ff. In E und F überliefert, in gleichem tone wie 53, nur dass
die fünfte zeile eine hebung weniger hat, was aber vielleicht auf rechnung
der überlieferung kommt. Bedenken gegen Walthers verfasserschaft erregen
nur die reime *gesê : flê, ersêst : vêst,* von denen man aber doch nicht behaupten
kann, dass sie ihm durchaus nicht zuzutrauen sind. Beachtenswert ist es,
dass es sich hier um einen abschied handelt wie in 53,₁ ff. und wahrschein-
lich auch 53,₂₅ ff. Auch kommt diese art zwiegespräch in der lyrik nach
Walther fast gar nicht mehr vor.

Dû hàst mir aber sô wol versaget
daz ich dir iemer dienen muoz.
Ob ich an dir niht erworben hân,
wol mich! son hât ein ander ouch getàn.   30
alsô kanst dû wesen gemeit.
got dir lône
daz dû mich hielde schône.
wis gesünde.
wê daz ich dich alsô fünde;   35
nû, frouwe, gedenke an alle stætekeit.

96 (L. s. XIII).

Jâ lige ich mit gedanken   der alrebesten bî.
mirst leit daz ich sie ie gesach,   sol si mir fremede sîn.
ichn mac ir niut vergezzen   deheine zît: sist guot;
und ist behuot:
des trûret mir der muot.   5
ir sult mir alle helfen klagen   diu leit diu man mir an ir tuot.

97 (L. XIII).

Herzeliebez frouwelîn,
tuo an mir dîn êre!
dâ von solt dû sælic sîn
hiute und immer mêre.
frouwe, dû solt machen   5
mich und manegen frô,
daz wir dich an lachen.
wol dir, und tuost alsô!
frouwe, dû solt tragen
pfeller unde sîden,   10
daz sie gar verzagen,
jene die uns dâ nîden:
und suln als schône zieren dich,
daz dû noch solt geweren mich.

98 (L. XV,1).

Jâ waz wirt der kleinen vogelîne?
der kalte snê

96,1 ff. In A überliefert. Strophenform und stil ist sehr altertüm-
lich. Das gedicht müsste zu den frühsten versuchen Walthers gehören,
wenn es ihm zukäme.   97,1 ff. In E überliefert, deutet auf ein ähn-
liches verhältniss wie 12.   98,1 ff. Dies und die beiden folgenden lieder
sind in E überliefert. Das versmass scheint zerrüttet, da die zweite zeile
der stollen bald zwei, bald drei hebungen hat. Die letzte strophe wird von
Lachm. abgetrennt.

der tuot in wê.
Daz sint nû die meiste swære mîne,
mir enfüege got   5
sülchen spot
Daz diu schœne gnâde an mir spæte
diu mir næhest mînen arm vernæte.
   Ouwê daz ich alsô rehte verre
von ir hin   10
gevaren bin!
Jô fürhte ich sêre daz ez mir gewerre,
dazs ein ander siht,
und ich niht.
Wolte got, und wærens alle tôren,   15
die ir sô vil gerûnen zuo den ôren!
   Wil si wider si sô lange strîten
als wider mich,
daz lob ich:
Sô getuot siz noch in langen zîten.   20
ê denn ez ergê,
ich kum ê.
Wan des einen fürht ich harte sêre:
kan ich vil, sô kan si lîhte mêre.
   Tumbe liute nement mich besunder,   25
und frâgent mich dâ bî,
wer si sî.
Rieten siz, daz wære ein michel wunder;
wan daz nie geschach
des ich dâ jach.   30
Müget ihr hœren gemelîchiu mære:
gerne weste ich selbe wer si wære.

99 (L. XVI,₁).

Ich hân die zît   wol gesehen an der linden:
sist worden val:
Ouwê jô lît   al ir loup vor den winden
verre imme tal.
Des müezen beide   5
walt unde heide
werden ze leide.
   Swaz grüenes was,   daz blîchet besunder
. . . . . .
Loup unde gras,   schœne bluomen dar under   10
. . . . . .
Noch klag ich mêre,
daz die vogel hêre
trûrent ze sêre.
   Als ez nû stât,   sô ist ez ze sorgen   15
sêre gewant.

Der winter hât   michel êre verborgen.
die ich hân genant.
Daz klagt ich vil kleine,
wolt ein wîp aleine.   20
ouwê si vil reine!
   Swer wîp wil sehen   beide schœne unde wîse,
der sol frâgen dar:
Sô muoz er jehen   daz nie sunne ze prîse
stüende sô gar.   25
Hôrt ir ie baz grüezen
mit worten sô süezen,
ich wil lüge büezen.
   Dâ mac ein man   wol verliesen die sinne
von grôzer nôt.   30
Lachet sin an,   so ist ir munt und ir kinne
wîz unde rôt.
Seht, disiu schulde
machet deich dulde
nôt umb ir hulde.   35
   Sich, sælic wîp,   daz ich sô lange mîde
dich, daz tuot mir wê.
Dîn süezer lîp   ist unsenfte als ein sîde,
swarz als ein snê.
Nach sülchen güeten   40
mac mîn herze wüeten:
wie sol i'z behüten?

100 (L. XVII,1).

Jârlanc sint die tage trüebe,
lützel ist daz sich ze fröuden üebe.
Des sint löuber unde gras
verdorben, dar zuo bluomen unde klê,
Daz der ougen wünne was.   5
den vogeln tuot der kalte rîfe wê.
   Sumer, dû hâst manege güete,
dû gîst al der werlde hôchgemüete.
Winter, hâst dû trôstes iht,
sô trœste mich, daz ich gelobe dich.   10
Leider, dû hâst trôstes niht,
wan einen: des selben des gelüstet mich.
   Winter dû hâst lange nehte.
der ist sælic, dem sie kumen rehte.
Der mit freuden leben sol   15
bî . . . . ., dem sint si niht ze lanc:
Dem entæte niht sô wol
der blüende meige noch sîn vogelsanc.
   Ligents ân angest unde warme
si an sînem munde, er an ir arme,   20

So ist in liep der kurze tac.
der langen naht sint sie, ich wæne, frô:
Lît man noch als man dô lac,
dô i's pflac, sô ist ez noch alsô.
    Wol bedorfte ich guoter sinne: 25
mich entrœstet weder zît noch minne.
Wâ von ist mit daz geschehen,
wan daz ich mich durch friunt versûmet hân?
Wellen sie daz übersehen.
daz stêt in übel, und hân ich wol getân.   30

101 (L. XVII,31).

Wie hân ich unsælic man
zallen spilen sus getân gevelle,
Daz ich niht gedienen kan
daz mir ieman rehte lônen welle?
mac ich dienen anderswâ,   5
dâ mîn dienest mich vervâ,
als ich bite, daz man spreche jâ?
    Wære ich bî ir tûsent jâr,
sô enkünde ich aller rede mêre,
Wan daz ich ir gerne wâr   10
sage und liep hân ir lîp und ir êre.
Des biut ich ir mînen eit:
wil sis grœzer sicherheit,
mac si sprechen jâ, ich bin bereit.
    Eines dinges prîse ich sie,   15
daz si ist sô rehte wol versunnen,
Daz si gerne mîdet die
die sô vil unnützer rede kunnen.
Wol mich dazs erkennen kan
einen lachenden man!   20
daz sint dinc der ich ir vil wol gan.
    Künde ich des geniezen iht
dazs an mir genædeclîche tæte,
Son könd ich verderben niht:
sus ist al mîn fröude gar unstæte.   25
Seht an disen grîsen roc:
ich gewinne alsülchen loc,
und ein grâwez kinne als ein boc.

102 (L. 47,16).

Ich minne,   sinne,   lange zît.
versinne   Minne   sich,

    101,1 ff. In E und F.   102,1 ff. In BC Walther, in A Reinmar
zugeschrieben. Der anhang der Heidelberger Freidankhandschrift enthält
eine strophe in dem gleichen tone.

wie si schône   lône   mîner tage,
Sô lône   schône: dêst mîn strît.
vil kleine   meine   mich,   5
niene meine   kleine   mîne klage
Unde rihte
solch unbilde,
daz ein ledic wîp,
mich verderbet   10
gar âne schulde.
zir gesihte
werde ich wilde,
mich enhabe ir lîp
fröude enterbet.   15
noch ger ich hulde.
wære   mære   stæter man,
sô solte,   wolte   si, mich an
eteswenne   denne   ouch sehen,
sô ich gnuoge   fuoge   kunde spehen.   20

103 (L. 71,₁₉. MF. 152,₂₅).

'Ich hœre im maneger êren jehen,
der mir ein teil gedienet hât.
Der im ín sîn herze kan gesehen,
an des genâde suoch ich rât,
Daz er mirz rehte erscheine.   5
nû fürht ab ich daz erz mit valsche meine.
tæt er mir noch den willen schîn,
hæt ich iht liebers dannę den lîp,   des müeser herre sîn.'
   Wie kumt daz ich sô wol verstân
ir rede, und si der mîner niht,   10
Und ich doch grôze swære hân,
wan daz man mich frô drunder siht?
Ein ander man ez lieze:
nû volg ab ich, swie ich es niht genieze.
swaz ich dar umbe swære trage,   15
da enspriche ich niemer übel zuo,   wan sô vil daz ichz klage.

Ich lebte ie nâch der liute sage,
wan daz sie niht gelîche jehent.
Als ich ein hôhez herze trage
und sie mich wol gemuoten sehent,   20
Daz hazzet einer sêre,
der ander gihet, mir sî fröude ein êre.
nun weiz ich weme ich volgen sol;
hete ich wîsheit unde sin,   sô tæte ich gerne wol.

   103,₁ ff. Teils Walther, teils Reimar zugeschrieben. Die bessere ge-
währ ist für den letzteren, von dem noch eine reihe anderer strophen des
gleichen tones erhalten sind, vgl. Beiträge II, 552.

Ist daz mich dienest helfen sol,   25
als ez doch manegen hât getân,
So gewinnet mir ir hulde wol
ein wille den ich hiute hân.
Der riet mir deich ir bæte,
und zurnde ab siz, daz ich ez dennoch tæte.   30
nû wil ichz tuon, swaz mir geschiht.
ein reine wîse sælic wîp   lâz ich sô lîhte niht.

104 (L. s. 166).

Ein wîp mit wîbes güete,
diu rehte in wîbes sinne treit ein wîplich hôhgemüete,
diu wîbet sich sô schône daz ir wîpheit sælde birt.
Wol ir diu sich sô wîbet,
daz si in rehter wîbes tugent bî wîbes zuht belîbet.   5
der weiz ich eine, diu des niemer fuoz verstôzen wirt.
Diu reine minneclîche tuot
sô rehte an allen dingen,   dâ von ir stæte wîbes êre sint
und ouch ir lîp   [behuot
vor valsche gar, si ist sô guot,   10
daz ich sie næme, und solt ich weln ûz al der welte ein wîp.
    Nû hœret, lât iuch wîsen,
wie sich ein sælic frouwe sol für ander frouwen prîsen,
sô daz ir lop bekêret nâch der besten folge sî:
Si sol die hôhfart mîden,   15
dâ mite ein sælic frouwe mac ir wîbes zuht versnîden,
und sol doch rehtes hôhes muotes niemer werden frî.
Si minne zuht und hôhen muot,
sî stæte an allen dingen,   bescheidenlîche frô und doch
diemüetec lîp   [dar under guot,   20
dâ bî den allen rehte tuot,
rein unde erbermic herze habe, und sî nâch wunsche ein wîp.

105 (L. 111,₁₂).

Selpvar ein wîp,
an wîze, an rœte ganzlîcher stæte,
ungemâlet, daz si niht gebuggerâmet wære,
Ich lobe ir lîp,
swie ich sie doch nie niht gebæte.   5
jâ hœre ich gerne von ir guotiu mære,
Diu ir val hâr ûf gebunden hât.
bî ir manegiu hin ze kirchen gât,
diu ir swarzen nac vil hôhe blecken lât.
ich wæne daz gebende ungelîche stât.   10

104,₁ ff. In a unter Waltherschen liedern.   105,₁ ff. In C unter
Walther, in A unter Niune wol nur ein fragment mit entstelltem texte.

106 (L. 26,13 ff.).

Durhsüezet und geblüemet sint die reinen frouwen:
ez wart nie niht sô wünneclîches an ze schouwen
in lüften noch ûf erden noch in allen grüenen ouwen.
Liljen unde rôsen bluomen, swâ die liuhten
in meien touwen durh daz gras, und kleiner vogele sanc, 5
daz ist gein solher wünnebernden fröude kranc,
swâ man ein schœne frouwen siht.   daz kan trüeben muot er-
Und leschet allez trûren an der selben stunt,   [fiuhten
sô lieblîch lachet in liebe ir süezer rôter munt
und strâle ûz spilnden ougen schiezen in mannes herzen
                                              grunt. 10
Vil süeziu frouwe hôhgelopt mit reiner güete,
dîn kiuscher lîp gît wünneberndez hôhgemüete,
dîn munt ist rœter danne ein liehtiu rôse in touwes flüete.
Got hât gehœhet und gehêret reine frouwen,
daz man in wol sol sprechen unde dienen zaller zît.   15
der werlde hort mit wünneclîchen freuden lît
an in, ir lob ist lûter unde klâr, man sol si schouwen.
Für trûren und für ungemüete ist niht sô guot,
als an ze sehen ein schœne frouwen wol gemuot,
swenne si ûz herzen grunde ir friunde ein lieblîch lachen
                                              tuot. 20
Die wîsen râtent, swer ze himelrîche welle,
daz er vil wol bewarte und ouch bestelle
den wec, daz iemen drûffe habe der in her wider velle.
Ein æhter heizet mort, der schat der strâze sêre:
dâ bî vert einer in starken bennen, derst geheizen brant: 25
sô sprechents einem wuocher, der hât gar geschant
die selben strâze. dannoch ist der wegewerender mêre:
Nît unde haz die hânt sich ûf den wec geleit,
und diu verschampte unmâze gîtekeit.
dannoch sô rennet maneger für, des ich niht hân geseit. 30

Ich trünke gerne dâ man bî der mâze schenket,
und der unmâze niemen iht gedenket,
sît si den man an lîbe an guot und an den êren krenket.
Si schat ouch an der sêle, hœre ich jehen die wîsen:
des möht ein ieglich man von sînem wirte wol enbern.   35
liez er sich volleclîche bî der mâze wern,

106,1 ff. In gleichem tone wie 76, aber durch die überlieferung nicht hinlänglich als Walthers eigentum gesichert und inhaltliche oder formelle bedenken erregend. Die beiden ersten strophen sind in C, die dritte, vierte und fünfte in B überliefert, die sechste in C unter Walther, in A unter dem truchsessen von St. Gallen, die siebente nur in A unter dem selben. Die in B überlieferten strophen zeigen kleine abweichungen im versmass, die allerdings vielleicht auf rechnung der überlieferung kommen.

sô mühte ime gelücke heil und sælde und êre ûf rîsen.
Diu mâze wart den liuten dar umb ûf geleit,
daz man si ebene mezze, ist mir geseit:
nû hab er danc, ders ebene mezze und der si ebene treit.   40

Er hât niht wol getrunken, der sich übertrinket.
wie zimet daz biderbem man, daz ime diu zunge hinket
von wîne? ich wæne er houbetsünde und schande zuo im
Im zæme baz, möht er gebrûchen sîne füeze,   [winket.
daz er âne helfe bî den liuten möhte stân.   45
swie sanfte man in trüege, er möhte lieber gân.
sus trinke ein iegeslîcher man, daz er den durst gebüeze:
Daz tuot er âne houbetsünde und âne spot.
swelch man getrinket daz er sich noch got
erkennet, sô hât er gebrochen ime sîn hôch gebot.   50

Swer sich des stæten friundes durch übermuot behêret,
und er den sînen durch des fremeden êre unêret,
der möhte ersehen, würd er von sînem hœhern ouch gesêret,
Daz diu gehalsen friuntschaft sich vil lîhte entrande,
swenn er sich lîbes unde guotes solde umb in bewegen. 55
ich hân vereischet, die der wenke hânt gepflegen,
daz si der kumber wider ûf die erbornen friunde wande:
Daz sol von gotes lêhen dicke noch geschehen.
ouch hôrte ich ie mit volge des die liute jehen:
'gewissen friunt, versuochtiu swert, sol man ze nœte 60
                                                  ersehen.'
Ich wil niht mê den ougen volgen noch den sinnen.
diu rieten mir an zwei, daz ich diu solde minnen:
diu wâren âne valsch geworht beid ûzen unde och innen.
Dâ wart ein wênec in geleit, daz was niht stæte;
des vielten sich ir egge, dô si solten hân gesniten.   65
und wære eht niht wan daz alleine drinne vermiten,
sô wærens allenthalben alse ganz an ir getæte,
Daz sich ein iegeslîcher möhte lâzen dran.
ouwê daz ich der trüge ie künde an in gewan!
wie übele ich nû mir des schaden und in des lasters gan! 70

107 (L. 36,11).

Ir fürsten, tugendet iuwer sinne mit reiner güete,
sît gegen friunden senfte, gein vînden traget hôhgemüete:
Sterket reht, und danket gote der grôzen êren,
daz manic mensche sîn lîp sîn guot muoz iu ze dienste kêren.
Sît milte, fridebære, lât iuch in wirde schouwen: 5

107,1 ff. Dieser und der folgende ton sind variationen von 75, 109
eine erweiterung von 107. Ueberliefert sind diese sprüche in C, 109 auch
in B nach anderer quelle. Ihre unechtheit ist fast zweifellos.

sô lobent iuch die reinen süezen frouwen.
schame, triuwe, erbermde, zuht, die sult ir gerne tragen:
minnet got, und rihtet swaz die armen klagen,
gloubt niht daz iu die lügenære sagen,
und volget guotem râtẹ: sô müget ir in himele bouwen. 10

Marjâ klâr, vil hôhgeloptiu frouwe süeze,
hilf mir durch dînes kindes êre deich mîn sündẹ gebüeze.
Dû flüetic fluot barmunge tugende und aller güete,
der süeze gotes geist ûz dînem edeln herzen blüete:
Er ist dîn kint, dîn vater, unde dîn schepfære.   15
wol uns des daz dû in ie gebære!
den hœhe tiefe breite lenge umbgrîfen mohte nie,
dîn kleiner lîp mit süezer kiusche in umbevie.
kein wunder mohte dem gelîchen ie:
der engel küniginne, dû trüeg in ân alle swære.   20

An dem frîtage wurdẹ wir vor der hellẹ gefrîet
von dem der sich drivalteclîchen eine hât gedrîet.
Der engel Gabriêl Marjâ die botschaft kündet,
dâ von himel und erdẹ mit grôzen frôuden wart enzündet.
Er sprach zuo ir âvê, daz minneclîche grüezen: 25
durch ir ôrẹn enpfienc si den vil süezen.
des sî dir lop und êrẹ geseit, ...
. . . . Marjâ künigîn.
dû gæbe in uns ze trôst, der al der werlt mac swære büezen.
   Sünder dû solt an die grôzen nôt gedenken,   30
die got durch uns leit, und solt dîn herze in riuwe senken.
Sîn lîp wart mit scharpfen dornen gar versêret:
dennoch wart manicvalt sîn marter an dem kriuzẹ gemêret:
Man sluoc im drîe negel dur hende und ouch dur füeze.
iâmerlîchen weint Marjâ diu süeze,   35
dô si ir kindẹ daz bluot ûz beiden sîten fliezen sach.
trûreclîchen Jêsus von dem kriuze sprach
'muoter, jâ ist iuwer ungemach
mîn ander tôt. Jôhan, dû solt der lieben swære büezen.'
   Der blinde sprach zuo sînem knehte 'dû solt setzen   40
daz sper an sîn herze: jâ wil ich die marter letzen.'
Daz sper gein al der werlte herren wart geneiget.
Marjâ vor dem kriuze trûreclîche klage erzeiget;
Si verlôs ir varwe, ir kraft, in bitterlîchen nœten,
dô si jæmerlich ir [liebez] kint sach tœten   45
und Longînus ein sper im in sîn reine sîten stach.
si seic unmehtic nider, [daz] si [niht] hôrte noch ensprach.

---

40. Der blinde ist der nachher genannte Longinus, nach der sage
ein hauptmann, der Christi seite mit der lanze durchstach nnd, indem das
blut auf seine augen tropfte, sehend ward.

in dem jâmer Kristę sîn herze brach:
das kriuzę begunde sich mit sînem süezen bluote rœten.

108 (L. 37,24).

Vil tumbiu Werlt, ziuch dînen zoum, wart umbe dich.
wilt dû lân loufen dînen muot, sîn sprunc der vellet dich.
Derst manicvalt in dînem herzen umbe hort;
er vrôut dich hie und ist ein werndez leit der sêle dort.
Lâ rehten sin den bœsen muot von dir vertrîben:　　　　5
dû minne got, sô maht dû frô belîben:
wirp umbe lop mit rehter fuoge, und wellest dû genesen:
den bœsen ræten solt dû gar unheimlich wesen:
geloubę swaz dir die pfaffen guotes lesen:
wilt dûz dann allez übergülden, sô sprich wol den wîben. 10

109 (L. 37,34).

Genuoge herren sint gelîch den gougelæren,
die behendeclîche kunnen triegen unde væren.
Der sprichet 'sich her, waz ist under disem huote?'
nû zücke in ûf, dâ stêt ein wilder valke in sînem muote.
Zück ûf den huot, sô stêt ein stolzer pfâwe drunder.　　5
nû zücke in ûf, dâ stêt ein merwunder.
swie dicke daz geschiht, so ist ez ze jungest niwan ein krâ.
friunt, ich erkenne ouch daz, hâhâ hâhâ hâhâ.
hab dîn valschen gougelbühsen dâ:
wær ich dir ebenstarc, ich slüeges an daz houbet dîn.　　10
dîn asche stiubet in diu ougen mîn.
ich wil niht mêr dîn blâsgeselle sîn,
dun wellest mîn baz hüeten vor sô trügelîchem kunder.

110 (L. 38,10).

Er ist ein wol gefriunder man, alsô diu welt nû stât,
der under zwênzic mâgen einen guoten friunt getriuwen hât:
der hete man hie vor wol under fünfen funden drî.
Sô wê dir, Welt, dû hâst sô manegen wandelbernden site:
er armet an der sêle, der dir volget unz an sîn ende mite, 5
unt der dir aller dîner fuore stât mit willen bî.
Wir klagen alle daz die alten sterbent unde erstorben sint:
wir möhten balde klagen von schuldęn ein ander nôt,
daz triuwe zuht und êre ist in der welte tôt.
die liute lâzent erben, dise drî sint âne kint.　　　　10

110,1 ff. In 9 unter Walthers namen. In gleichem tone sind zwei
sprüche, die A unter *reimar der videler* bietet.

Verzeichniss der abweichungen von Lachmanns texte.

Im folgenden ist die vor dem gleichheitszeichen stehende lesart die unseres textes, die hinter dem gleichheitszeichen stehende die des Lachmannschen textes nach der fünften ausgabe. Hinter jeder lesart sind die handschriften angegeben, auf welchen sie beruht. Wo keine handschrift angegeben ist, beruht die lesart auf conjectur. Orthographische und dialektische abweichungen sind nicht berücksichtigt, abweichungen der interpunktion nur dann angegeben, wenn sie wesentlich verschiedenes verständniss bedingen. Wo die von mir gebilligte lesart der handschriftlichen überlieferung entnommen ist, ist nicht angemerkt, welcher herausgeber sie zuerst in den text aufgenommen hat. Dagegen ist bei den aufgenommenen conjecturen ihr urheber genannt, hoffentlich überall richtig. Wo La(chmann) genannt ist, findet sich der besserungsvorschlag in seinen anmerkungen.

1,24 so rehter C = solher. 30 und der wille C = der wîle. 2,11 mir C = von mir. ditze = diz (dis C, vielleicht disiu). 4 die er (dier Bodmer) = der si (der C). 3,9 bote AE = fehlt MF. C. mîn = mînen ACE. 33 deich ir = daz ich CE (beide aber haben ir in der folgenden zeile vor sîn). 4,28 eine stat in mîme herzen CE = in mîme herzen eine stat F. geben C = gegeben EF. 5,9 deichs alle = daz ichs [alle] (alle AC). 13 der in AC fehlende fuss von La ergänzt durch êre. 22. 3 endelôs von schulden AC = mich erlôst von sorgen. 30 nu endarf A = sus darf C. ob âne sorge lebet daz = lebt âne sorge daz herze (obe ane sorge lebet daz herze [dc h̄zen A] AC). 6,10 sîn — si C. 16 nû La = vil. 7,40 frouwe Pf. = fehlt C. 8,2 niht C nach der Bremer abschrift = iht Bodmer. 4 wart C = wirt. nie weder C = neweder. 29 alrêrst C = von êrst p. 9,23 Sost eht Wa (so stet CE) = sost. 33 an F = bi CE. 41 ersehen F = gesehen CE. 10,16 nâch CE = noch. 23 vergezzen. Wa = vergezzen. 24 gesezzen? Wa = gesezzen. 11,31 nie C = ie. 2 ichn = ich C. 12 wan La = aber C. 12,8 nider AE = nidere C. 20 ich AE = ichz C. 23 næme

CEs = nim *A.* 13 *La. ordnet die strophen dieses tones willkürlich zu zwei liedern:* 1—8. 17—24 und 33—40. 9—16. 25—32. 13,$_{13}$ niht *E* = sô *AC.* heide, = heide .. $_{15}$ diu vogeltn *E* = die vogele (die cleine vogele *AC*). singent: = singent,. $_{16}$ sule *E* = suln *AC.* $_{22}$ doch *E* = dô *AC.* $_{24}$ wart *E* = wirt *AC.* $_{28}$ den boumen *A* = dem boume *C.* 15,$_{16}$ genôzen *AN* = gelîchen *BCE.* $_{11}$ frouwe schœne *BCE* = schœne frowe *AF* (vrouwe *N*). $_{24}$ werde *C* (werden *A*) = schœne *BCF.* 16,$_{13}$ minne *AE* = liebe *BCF.* $_{14}$ heizet diu daz *BCE* (dû da *B*) = reizet unde *A.* 17,$_{12}$ Ez *C* = ê. $_{19}$ schîn = schîn,. *Str.* $_{29}$*ff. ist von La. vor* $_{15}$ *gestellt.* $_{31}$ Wan dû *Pf.* = dû *C.* leide (herzeleit *Wa,* leit *Pf.*) = liebe *C.* 18,$_{15}$ gescheiden von ir *La* = von ir gescheiden *C.* 19,$_{13}$ Lîhte *F* = swenne *CE.* $_{4}$ minne. = minne,. $_{5}$ Seht sô *La* = sô *CEF.* $_{7}$ nie *CE* (*fehlt hier F*) = hie. $_{8}$ dicke *CE* = dicke nie *F.* daz *CE* = des iht (des ye *F*). $_{12}$ ez *F* = ich *CE.* $_{16}$ durch sie sô wil ich iemer *F* (*nur meine statt* iemer) = wan ich wil iemer durch sie *CE.* $_{18}$ si mag ez *F* = daz kan si *CE.* $_{24}$ schœner *CE* = schœne *F.* 20,$_{28}$ in *C* = ir.

 21,$_{6}$ ich enweiz = in weiz *C.* $_{7}$ denne swâ *La* = swenne *C.* 22,$_{8}$ von ir der ich (von ir die ich *Pf.*) = der ich von ir *C* (*nur* mir *für* ir). $_{11}$ gesîn, = gesîn:. $_{12}$ enwelle *C* = enwil. 23,$_{18}$ deiz *Wa.* = daz ez *C.* 24,$_{8}$ hân *BE* = bin *C.* $_{10}$ an mich *Es* = mich *C.* $_{11}$ mir *Es* = *fehlt C.* $_{25}$ des *E* (dich des *s*) = dû *C* (nu *B*). $_{28}$ diu ist niht (ist nicht *s,* die entouget niht *B,* entauc niht *F*) = diust niht guot *C.* 25,$_{14}$ diu vogelîn *AC* = die vogele. $_{15}$ schallent mit *A* = singent in *C.* $_{25}$*ff. von La. als ein besonderes lied abgetrennt.* 26,$_{17}$*ff. von La. als ein besonderes lied abgetrennt.* $_{36}$ lebent (der — erkant) = lebent. der — erkant;. 27 *Die reihenfolge der strophen nach DN, womit auch C stimmt, nur dass sie* $_{41}$*ff. nach* $_{11}$*ff. setzt; La. ordnet nach A:* $_{1}$. $_{21}$. $_{31}$. $_{41}$. $_{11}$, *und nimmt* $_{41}$. $_{11}$ *als parallelstrophen zu* $_{21}$. $_{31}$. 27,$_{14}$ joch *Pf.* = ouch *CN* (doch *A,* wol *D*). $_{24}$ hie — dort *AN* = dâ — dû *C* (so — so *D*). $_{29}$ sie mir *AN* = mir si *C* (mirz *D*). $_{31}$ küssen *ACD* = küssîn *N.* $_{33}$ ûz *A* = von *CN* (*abweichend D*). $_{35}$ Dem *A* = swâ *C* (so *DN*). sîn *A* = ir *CDN.* $_{36}$ der wont dâ *A* = dâ wære ich *CD* (wer ich ir danne *N*). nâhe *AC* = nâhen *DN.* $_{38}$ allez balsme *A* = vollez balsmen *CDN.* $_{47}$ mîn *AN* = mich *CD.* $_{48}$ stach. = stach,. $_{49}$ ich lobe die reinen *A* (vil seilich si diu *N,* do wart ich so vro der stunde unt der *D*) = swann ich der lieben *C.* $_{50}$ dâ diu vil minneclîche ûz einem *AN* (da di reine sueze uz einem *D*) = gedenke, dâs ûz einem reinen *C.* 28,$_{33}$. $_{4}$ wâgen (ich — nôt) *Wa.* = wâgen: ich — nôt:. $_{34}$ grœzer *Wa.* = grôzer. 29,$_{5}$ doch ouch = ouch ir (ouch *CE*). $_{10}$ baz *CE* = [baz]. $_{11}$ betrogen, = betrogen:. $_{12}$ wils anders niht wan daz *Benecke* = si wil anders niht *CE.*

$_{13}$ Wie *Benecke* = wan wie *CE*. $_{22}$ gemeine *CE* = genæme. $30,_{18}$ rehte *vor* wizzen *AEF* = *vor* lützel *C*.

$32,_{5}$ rehte niht *La* = niht *CF*. $_{15}$ ich *BC* = ichz *F*. alsô maz C^2F = tete BC^1. 'z = daz. $33,_{14}$ wizzen = wîzen. $_{17}$ dûz = dûs. $34,_{1}$ alsô *AC* = tuo alsô. bescheidenlîche = bescheidenlîche:. $_{2}$ leben, = leben:. $_{3}$ Obe *AC* = obe ab. $_{5}$ kurzer wîle *AC* = kurzewîle. $_{8}$ widerlerne *Wa* = wider lerne. $_{15}$ sît *AC* = sît abe. alsô gerne *Wa* = gerne *AC*. $_{18}$ mich friunde *Wa* = friunde *AC*. $_{28}$ des *La* = dâ von *AC*. $35,_{15}$ die *A* = dies (die sie *CE*). $_{17}$ herzen *AE* = herze C. $36,_{3}$ lieht. *Wa* = lieht,. $_{4}$ sach, *Wa* = sach.. $_{17}$ Frouwe *AC* = Frowe mîn. daz sî *Pf.* = sich *C* (*fehlt A*). $_{21}$ wê. = wê,. $_{22}$ ê ich dir aber bî *A* (e aber ich dir bi *C nach Bodmer*) = ê bî dir aber ich (aber e dir bi gelige ich *C nach der Bremer abschrift*). $_{23}$ gelige, = gelige.. $_{26}$ mac. = mac,. $_{27}$ lanc, = lanc:. $_{40}$ getæt *AC* = tæt. $_{41}$ es = ez. $_{56}$ eine *A* = âne C. $37,_{8}$ sîn *C* = sint *E*. $38,_{1}$ Swie *BC* = Wie *E*. stât, = stat!. $_{13}$ vergut *BC* = für guot *E*. (sô — mê): *Wa* = : sô — mê. $_{22}$ und *BC* = die *a*. $39,_{4}$ hoere *CE* = hôrte. $_{6}$ saget *CE* = sagte. $_{16}$ seht *La* = *fehlt CE*.

42 *von La in zwei lieder geordnet:* $_{17\cdot 25}$ *und* $_{1\cdot 9}$; *die reihenfolge in BC:* $_{17\cdot 1\cdot 25\cdot 9}$; *in E:* $_{1\cdot 9\cdot 25\cdot 17}$. $42,_{23}$ ir *Wa* = vor *BCE*. $43,_{6}$ ich *A* = ich in *CE*. $_{17}$ geredet *A* = gesprochen *CE*. $44,_{7}$ sinnen, = sinnen!. $_{8}$ noch *C* = iu. wîp! = wîp.. $_{11}$ bî *vor* ir *C* = *vor* daz *am anfang der folgenden zeile*. $_{12}$ vil *Wa* = *fehlt C*. $_{14}$ sinne, = sinne!. $_{16}$ benomen! = benomen.. $_{24}$ würde mir *C* = mir wurde. $45,_{13}$ kunde *A* (mocht *F*) = sol *C* (mac *E*). $_{16}$ niht erwerben *AF* = eine niht erwerben (alterseine niht erwerben *C*, niht erwerben eine *E*). frouwe = frô. $_{19}$ Gevüegen *A* = noch füegen *C* (*fehlt E*). $_{32}$ tuo = tuon *A* (rûne *E*, slûs *C*, *fehlt F*). $_{48}$ von enkume = vone kume *C* (von kum *A*). dir *AC* = der. $46,_{5}$ daz *Pf.* = so *E*. $_{8}$ daz hât *Wa* = hat *E*. $_{9}$ mir sô *Wa* = so *E*. $_{10}$ deich mich *Wa* = daz ich *E*. ersehe *Pf.* = sehe *E*. $_{16}$ hô *Wa* = nu so *E*. $_{24}$ doch *Wa* = denne *E*. daz *Wa* = daz do *E*. $_{25}$ enmittenzwei *Wa* = enmitten zwei. $_{37}$ et *La* = er *E*. $_{38}$ in *La* = ir *E*. $47,_{3}$ Wan ich geschiet von ir noch nie *E* (*aber* noch nie vor ir) = von ir geschiet ich mich noch nie *BC*. $_{9}$ daz er ir næme *E* = er tæte ir *BC*. $_{10}$ under *E* = umbe *AC*. $_{19}$ râtent sie *E* = râtents iemer *BC*. man sie = mans. $_{21}$ haz *La* = schaden *E*. $_{23}$ zürnents *Wa* = zürnen *E*. $_{24}$ des = daz *E*. $_{27}$ der gedâhte *La* = gedaht *E*. $_{35}$ iedoch *La* = doch *E*. $_{39}$ mê *Wa* = ie mer me *E*. $48,_{9}$ esel = 'esel'. den gouch *A* = 'der gouch' *C* (gauch *E*). $_{19}$ umb *C* = ûf *A*. $_{26}$ alsô: = alsô. $_{27}$ In behalde *E* = ich enbiute iu *C* (ich enbûten dir *A*). strît, *Wa* = strît.. 49 *Strophenordnung nach Wa; bei La steht* $_{21}$ *vor* $_{11}$ *nach BC und* $_{1}$ *ist von*

den übrigen abgetrennt. 49,$_9$ wie *Wa* = swie *BC.* sîn!
Wa = sîn,. $_{19}$ wâr *Wa* = war. $_{20}$ wan daz *B* = dâ von
C. güete = guote. $_{39}$ gebe. *Wa* = gebe,. $_{40}$ dâ, keiser,
spil! *Wa* = dâ keiser spil.. 50,$_{10}$ sô *Wa* = sô daz *BC.*
$_{14}$ iu *BC* = dir.

51,$_{21}$ gerne *BC* = ungerne. $_{25}$ hûs; — geschehen =
hûs (— geschehen). $_{39}$ Sie jehent daz *BCE* = daz *A.* leben-
des *La* = lebendiges *ABCE.* $_{43}$ vînden *BE* = vînde *A* (vient
C). $_{46}$ waz *BC* = daz *E.* $_{48}$. $_9$ hât: der — zwô = hât (der
— zwô). 53,$_{15}$ ein *F* = eine *BC.* mære = mê *BC* (rede
F). in *B* = ir *CF.* 54,$_2$ diu (die *E*) = *fehlt BC.* beidiu
= beide *BCE.* $_9$ doch *B* = ouch *C* (*fehlt E*). 55,$_{19}$ und der
andern (under andern *A*) = unt der ander (und ouch der
ander *C*). $_{25}$ ziertest = zierest *AC.* $_{29}$ Êsaû *C* = ein sû
A. $_{32}$ gerne *C* = gerner *A.* 56,$_3$ hœrt irs *E* (hœrt es *C*)
= hôrt ichs. $_5$ [grüenen] = grüenen *CE.* $_{18}$ dennoch *CÉ*
= dâ nâch. $_{19}$ al = alle. 57,$_{10}$ Bî dem brunnen *A* = Uf
dem anger *C.* $_{11}$ gesach ich einen *A* = getroumde mir ein
C. $_{25}$ niht ze *A* = niender *C.* 58,$_1$ Ich *BCDEs* = Frouwe
ich *Fa.* [der] (*fehlt BCs*) = der *DEFa.* $_5$ [iemer] = iemer
BCDEFas. $_9$ enkan *E* = niene kan *BC* (niht in *a*, net in
s, nicht *F*). $_{15}$ Tuot ir *BCE* = nû tuot *Fs* (tuont *a*). al-
rêrst *BCEF* = von erst *a* (irst *s*). $_{17}$ Wir *BCEFs* = Wir
man wir *a.* $_{19}$ Kunnet ir *BC* (kunnen zi *s*, kan si *E*) =
kumt iu (kumen. und die *F*, sit ir *a*). $_{24}$ man'n (man in
EF, man hem *s*) = man *BCa.* $_{25}$ uns *BCEFs* = uns wî-
ben *a.* $_{26}$ der *BCEFs* = wan der *a.* beide *EFs* = *fehlt
BCa.* $_{27}$ saget, = saget.. $_{30}$ und sîn gemüete ze mâzen
tragen *Pf.* = und tragen gemüete ze mâze (und sin gemuete
setzen *E.* der dine in zu massen hie und do und trage dein
gemüte *F*, und da bei kan tragin beidu *a*, und gedenchen
ym zu maesen *s*, das er gedenket ze masse *BC*). und =
unde. 59,$_1$ Wer = 'Wer. $_6$ zuo = zuo'. $_9$ Daz *E* = dazs
(dasz *C*). 60,$_{11}$ wolten *CE* = hânt. $_4$ zorneclîche (zornic-
lichen *E*) = zornlîche *C.* $_5$ gedagen *CE* = gealten. $_{10}$ nû
Wa = nû wol *CE.* $_{12}$ vil *vor* wirs *CE* = *vor* denn. $_{20}$ ich
Wa = als ich *C* (so ich *E*). $_{24}$ ich in *CE* = ich. $_{30}$ ein
CE = eine.

61,$_{11}$ Deich *Wa* = daz ich. ertœret = ertôret. 63,$_1$ *ff.
Die reihenfolge der strophen nach e; La stellt str.* $_1$ *ff. nach*
$_{13}$ *ff.* 63,$_{16}$ swâ *C* = sô *E.* $_{26}$ sêre. *Wa* = sêre,. $_{27}$ guot,
Wa = guot:. 64,$_{31}$ swenne ich ir beider hân (sit ich des nu niht en han
E). 65,$_{14}$ daz si sî (si si *C*) = ir sî mat. $_6$ solten *C* = solt.
$_{13}$ solhem (selkem *C*) = *fehlt.* [keinen] = keinen *C.* $_{15}$
werbe = werbe ab (*C hat aber hinter* swer *in z.* 14). ander
C = ânc. 66,$_1$ die *La* = dich *C.* 67,$_1$ diu *BC* = ein *A.*
$_4$ gras, = gras.. $_6$ biuget. = biuget,. $_8$ deheinez *BC*, de-
keinez *A* = keinez *C.* $_{13}$ endiuhten (en duhten *A*) = duhten

(*BC abweichend*). ₁₈ ordenunge, = ordenunge!. ₂₀ zergât!
= zergât. ₂₂ cirken *A* = cirkel *C* (kilchen *B*). ₃₄ pfaffen
BC = die pfaffen *A*. ₃₉ leiten *BC* = diu leiten *A*. ₅₈ de-
heinez, deheinoz *A*, deheines *BC* = keines. ₆₀ der ietwe-
derz dem andern *BC*, ietwederz dem andern *Ulrich v. Lich-
tenstein* 587,₃₁ = daz dicke ein ander *A*. 68,₁₆ dâ daz *C* =
daz (*abweichend B*). ₇ lachent *C* = liuhtent *B*. ₁₅ mîne
kranechen trite *Haupt*, mine kraneches trite *La* = mîner
krenechen trit *B*. ₄₇ man den lôste durch sîne milten *C* =
er wart erlôst von sîner gebenden *B*. ₆₀ doch *B* = ouch.
69,₆₆ kunde, kunte *r* = gunde. ₉₁ Sô wê *C* = Owê *D*. ₉₂ al-
zan = alz an (alsan *C*, allez an *D*). ₁₂₆ sie ungebachen
und *C* = die uugebâtten gar *D*. ₁₃₄ nû *C* = in *D*. ₁₅₄ me-
nege *D* = maneger *C*. ₁₆₅ lebendiu *C* = lebenden *D*.
₁₉₂ sô volge *B* = volge *CD*. ₁₉₄ ouch *CD* = et (*es B*).
₁₉₅ alsô *D*, reht alse *B* = als ez *C*. ₁₉₇ uns ist *C nach
Bodmer* = *ist uns D* (?). ₂₀₁ guote *C* = muote *D*. ₂₁₄ an
CD = [an]. 70ª,₇ Diu Milte lônet same *BC* = der milte
lôn ist sô *A* (*aber* milten). ₂₃ *wird von La in klammer ge-
setzt*. ₂₆ ander *La* = an der *AC*. 70ᵇ,₁₁ liet *C* = lieht *A*.
₁₀ ouch im die sînen iemer *C* = im êre *A*. ₂₄ daz gelîchet
sich *A* = dazz sich gelîchet (ir sit gelich *C*). alsô = als.

71,₁₁ und hetest = hetst anders (und hettist anders
a). ₁₂ dû hetest an ir lobe alsô gestriten *a*, *nur* lob alse
= dâ hetest alsô gestriten an ir lop. ₁₃ iemer mê, iemer
a = *fehlt*. ₃₃ des *C* = wes. kemenâten. = kemenâten?.
₆₃ gehirme *C* = hirme. 72,₁₀ pfert *C* = pferit. 73,₂₉ den
gotes *BC* = gotes. ₃₀ herren hiezen *BC* = hiezen herrc.
₃₂ ₃₃ der sî *BC* = sî. ₄₁ rîche *BC* = künege *A*. ₄₄ hinne
BC = hie *A*. ₄₈ keisers *BC* = küneges *A*. ₆₅ süenen *A* =
süenent *C*. ₆₀ des *AC* = dez. 74,₃ varn, = varn:. ₄ aleine.
= aleine,. ₁₃ ich *C* = ist *A*. ₁₄ gewarte *A*, warte *C* =
gewartet. ₂₇ wan *La* = waz *AC*. ₃₀ für brechen *AC* = für-
brechen. ₃₈ diufe = dûf *AC*. 75,₃ niwan (niht wan *C*, nieman
wan *B*) = wan. ₄ hât *C* (*fehlt B*) = wil. ₁₄ im nâch *B* = ime.
₂₇ ân allen *B* = âne. ₄₀ ich wæn *AC* = wæn. ₄₁ ir sît *AC* = sît.
₄₂ seitet *Wa* = beitet (seret *C*, seren *A*). ₅₀ der stêt *AC* =
derst. ₅₂ gemachet: = gemachet.. ₅₃ *bei La ohne klammer*.
₅₄ Alman = Almân. ₆₂ swendet = pfendet (pfende, *in*
swendet *corrigiert C*). ₈₀ herre *BC* = nû *A*. ₁₀₀ âne alle
AC = âne. ₁₀₃ herre der = her *AC* (*abweichend B*) ₁₀₆
marterære *AC* = und marterer *B*. ₁₂₀ fürste *AC* = Liupolt
B. ₁₄₅ niht *C* = iht. ₁₅₁ Herzoge *A* = Liupolt *C*. ₁₅₂ niht *A*
= und niht *C*. ₁₅₅ mir *A* = mich *C*. ₁₅₇ nû *A* = sus *C*. ₁₅₈ sît *A*
= daz *C*. dir *A* = dich *C*. ₁₅₉ mir *A* = mich *C*. ₁₇₄ ist *A* = ist
er *C*. ₁₇₉ môre *Wa* = tôre *AC*. ₁₈₀ wê wie *AC* = wie. 76,₃ lônne
Pf. = lône *A* (lonenne *C*) ₇ bœsten *C* = bœstem (beste
A). ₁₀ lônnes = lônes *AC*. ₁₃ sô *C* = als. ₁₇ daz *C* =
wol daz. enwahset *v. d. Hagen* = wahset *C*. ₂₈ volfüeget

Wa = wol füeget *AC*. ₃₀ spreche = spræche. ₃₃ eigem *A*
= eigenem *C*. ₃₈ Sus rîte ich fruo und kume niht heim *B*
(*vgl. die parodie Ulrichs v. Sing.*) = kume ich spâte und
rîte ich fruo *AC*. ₄₁ diu = die *C*. ₅₇ halte *C* = behalte.
₇₁ hôhgelobter *Bt* = wol gelobter *AC*. prîse, = prîse!.
₇₂ und ich doch *Bt* = sît ich *AC*. wîse! = wîse,. ₇₅ gein
— gein *Bt* = ze — ze *AC*. ₇₆ ir keinem wart ich nie so
holt als ich bin *B* (ir wart mir keiner me so liep als ich
bin *t*) = sô holt enwart ich ir dekeinem nie sô (sô *fehlt A*)
AC. ₇₇ got *B* = frôn Krist *AC* (*abweichend t*). ₇₉ ich muoz
dem iemer holder *Bt* = mir muoz der iemer lieber *AC*.
₈₀ wan ich hân noch *B* (wann ich gewyn gar kum *t*) = ich
wil noch haben *AC*. ₈₁ namen *A* = leben *C*. ₈₂ sînen her-
ren unde im râte *A* = und sînen herren lêre *C*. ₈₃ müez
ime sîn bein, swenn erz ze deheime *A* = müezen im diu
bein, als ers zem *C*. ₈₅ ime sîn *A* = sîn *C*. erlame *A* =
müeze erlamen *C*. ₈₆ schame *A* = schamen *C*. ₈₇ sche-
melîcher *A* = tugendelôser *C*. ₈₉ sô valsch geheize — ge-
heize *A* = ir valsche gelübde — gelübde *C*. ₁₀₂ daz mîn
Bt = mîn *C*. ₁₀₄ worten oder mit werken, mit gewizzenem
geræte *B*, (*nur* alder mit gewissenen), worten und mit wer-
ken und mit gerete *t* = gebærde, mit gewisser rede, mit
ræte *C*. ₁₀₅ grûset *Blo* = griulet *C*. ₁₀₈ lûter *B* = süeze
C (schone *o*, recht *t*). liebiu *B* = lûter *C* (schone *t*, guote
o). ₁₁₇ wint = windet *Bt*. ₁₂₀ sîn *Bt* = wesen. alsam *v.
d. Hag.* = als *B* (*abweichend t*). 77,₃ dar umbe *C* = dar.
₃ entstân *C* = enkan verstân. 78,₃ ich sîn *C* = ichs. ₃₀ hil-
fet *C* = gehilfet. ₇₂ muoste *v. d. Hag.* = müeste. ₈₀ dem
Wa = den (dē *U*). ₁₁₀ wolveile *C* = veile. *Str.* ₁₂₁ *ff. und*
₁₂₉ *ff. sind bei La gesondert.* 79,₁₅ sint = sîn. ₂₇ rede-
rîchen *La* = rederîche *C*. iegeslîches *Wa* = iegeslîche *C*.
₂₈ einen *La* = eime *C*. ₁₉ der megede *BC* = megde.
₅₁ beide sîn als *BC* (alse *B*) = sîn alsô. ₅₃ * * * = an
dîner râche gegen in, hêrre vater, niht erwint *C* (*fehlt in B*).
₅₅ * * * = wan si meinent dich mit ganzen triuwen kleine
C (*fehlt in B*). *Die reihenfolge der zeilen ist in C:* ₅₁· ₅₄·
₅₃· ₅₃· ₅₂· ₅₆· ₅₀ nieman *BC* = ieman. ₈₁ breit, = breit:.
₈₃ vlürn. dir sint beide *BC* (verlürn) = niht verlürn! dirst.
80,₁₁ von *BC* = [von]. ₂ und = unde. ₄ wie *BC* = wê wie.
₁₃ er diu *C* = erz. ₁₆ zwein *BC* = [zwein].

81,₁₈ worden *C* = [worden]. als *Bartsch* = als ob *C*.
₁₀ bereitet *C* = vereitet. ₁₃ bekande *C* = kande. ₁₈ tuont!
Wa = tuont,. ₁₉ vil unriuweclîche *Pf.* = nû vil riuwec-
lîche *C*. stuont, *Wa* = stuont!. ₂₃ jæmerlîchiu jâr *C* =
jæmerlîche schar. ₂₇ trûren *C* = trûre. ₂₈ inneclîchen *v. d.
Hag.* = inneclîchen sêre *C*. ₃₀ vogele (vogel *C*) = vogel
die. ₃₁ ist *C* = ist dâ bî. ₄₇ selbe *C* = sælden. 82,₄₆ heil
A = teil *C*. ₅₁ dâ *A* = daz *C*. ₆₀ des heilegeistes *Wa* =
den heilegestez (den heilegestes *C*, den heiligeist *A*). 83,₂₅

kœmen *Bartsch* = komen. ₆₁ schulde *RCE* = schult. ₆₆ besliezen *Pf.* = entsliezen *CE.* ₆₇ kurzlîch (kürtzelich *E*) = kurzwîlen *C.* ₇₀ unde *Pf.* = dort und *CE.* 84,₁₁ krump, = krump:. ₂ mac. = mac. ₃ dû = (dû. ₄ kleine. = kleine),. ₁₂ baz *C* = *fehlt.* ₁₃ noch sunder *Bartsch* (gar s. *Pf.*) = nâch stinden *C.* obedach *C* = âne dach. ₃₁ ir iuch, reinen *C* = iuwer, guoten *a.* ₃₇ gezeme *C* = iu zeme *a.* 85,₃ gelac *La* = lac *C.* 86,₄ werden *AC* = wesen. ₁₁ riuwe (rúwe *AC*) = ruowe. 87,₂₂ spehen. = spehen. ₂₃ tougen = tougen.. ₃₀ in. *Haupt* = in,. tôren, *Haupt* = tôren.. 88,₁₂ Des *Wa* = der *C.* 90,₆ und = unde. ₁₃ deist = daz ist *CE.* ₂₀ und = unde. ₂₅ des *vor* niht *Wa* = *vor* daz (*fehlt CE*).

91,₁₁ ir sult *AC* = dû solt. ₃ grôziu gülte *Pf.* (grozer gelt *A*) = grœste gülte *C.* ₁₄ dûz *C* = dû daz ie. 92,₂₁ Diu wernde *Wa* (dú werde *BC*) = der werden *A.* ₂₂ irz *C* (ir das *B*) = inz (in daz *A*). ₃₀ ouwê *A* = und owê *BC.* ich ez = ichz. 93,₁₄ swiech (swie ich *CE*) = swiez. ₁₂ lân = lân,. (wan — verstân) *Wa* = wan — verstân. ₁₃ gebære *CE* = bære. ₂₁ winstern *Wa* = vinstern *CE.* ₃₁ dîniu (dine *CE*) = dîn. ₃₃ dinge ein kint *CE* = sinne ein rint. ₃₅ mache *CE* = mach ê. unreine *Wa* = gebeine (*fehlt CE*). ₃₆ sêle versinke *C* = versenke sich (sel sich versenke *E*). 94,₆ hêre *Wa* = hêre,. ₇.₈ (sîn — êre — mêre) *Wa* = sîn — êre, — mêre. ₁₃ blœdes *kl* = boeses *C.* ₃₉ ist *kl* = was *C.* ₅₈.₉ ist Krist, der wâr got ist *C* (warer) = ist der wâre Krist (ist Krist *kl*). *nach* ₆₂ hat *La* des bistû frowe gêret *C* (*fehlt kl*). ₇₀ got *kl* = got selbe *C.* himeltouwe *kl* = touwe *C.* ₇₂ entslôz *Pf.* (entslozen *kl*) = beslôz *C.* ₇₃ des *Pf.* = daz *Ckl.* ₁₂₉ ein *kl* = eine *C.* ₁₃₁ nû ist uns ir beider *kl* (unser b.) = daz ist unser meiste *C.* ₁₄₈ Swâ *Pf.* (swaz *kl*) = Dâ (das *C*). ₁₅₃ sünde *kl* = schulde *C.* ₁₆₂ nieman *vor* ze *kl* = nieman *vor* âne *C.*

95 *ist zuerst kritisch hergestellt von Wackernagel* (s. 182 anm.). *Die abweichungen von dessen texte sind folgende:* ₄ doch *E* = och (*fehlt F*). ₁₂ so enruoche *F* = jo enruoche *E.* ₁₇ so enwürde *E* = sô wurd *F.* nimmer *EF* = nimmêre. ₁₈ enkumest *E* = enkæmest (kemest *E*). ₂₁ klage (clagen *F*) = clag ich *E.* ₂₃ ie wârn mit rede *E* (waren gut mit reden ie *F*) = mit rede ie wâren. ₂₄ got *E* = *fehlt F.* ₂₉ ob *E* = sît (seint *F*). ₃₅ daz *E* = ob *F.* ₃₆ alle *F* = mîne (alle mine *E*). 96,₆ mir an ir (an ir *A*) = mir. 97,₈ und *E* = [und]. 98,₂₁ denn *E* = [denn]. ₂₆ mich dâ bî *E* = bî. 99,₇ werden *E* = werben. 100,₁₁ trôstes = liebes (*fehlt E*). ₁₂ einen *E* = ein. 101,₂ sus getân gevelle *E* = so getan ungevelle (solich ungevelle *F*). 102,₃ tage, = tage.. ₄ Sô *A* = nû *BC.* strît. = strît:. ₈ solch *A* = grôz *BC.* ₁₃ werde *BC* = wird (wirt *A*). 103,₁₁ grôze swære hân = grôzer swære niht enhân *AC* (*abweichend E*). ₂₂ frôude AC^2E = diu frôide MF. *C¹.*

₂₄ hete AC = wan hete $MF. E.$ $\,$ sô tæte ich AC = ich tæte $MF. E.$ 105,₂ an wîze, an rœte = âne wîz rôt $AC.$ ₈ ze A = zer $C.$ 106,₇ ein schœne frouwen siht C = siht schœne frowen. ₉ lachet C = lache. ₁₀ schiezen C = schieze. ₂₀ swenne C = sô. ₂₂ er B = er ê. ₂₉ und = unde. ₃₂ und B = und dâ. ₃₉ mezze B = mezze und trage. ₄₀ man B = man sô. ₅₆ ich A = wir $C.$ ₅₇ erbornen A = erborne $C.$ ₅₈ von A = nâch $C.$ ₅₉ mit volge des die liute A = die liute des mit volge $C.$ ₆₀ nœte ersehen A (not) = nœten sehen $C.$ ₆₂ beid ûzen und och innen. Wa = beidiu ûzen, unde och innen (*ohne punkt*). ₇₀ nû mir = mich $A.$ schaden A = schaden schame. 107,₁ iuwer sinne C = iwern sin. ₂ gein vînden traget C = tragt gein vînden. ₄ sîn lîp sîn C = lîp und sîn. ₅ iuch in wirde C = in wirde iuch. ₂₄ mit grôzen frôuden wart C = wart mit grôzen fiôiden. ₂₆ ôren C = ôre. ₄₈ sîn C = dez. 108,₁ Vil tumbiu B = Tumbiu $C.$ dich = sich C (sprich B). ₃ umbe hort B = unbekort $C.$ ₄ vrôut dich B = schadet dir $C.$ werndez leit B = langer haz $C.$ ₅ rehten sin B = guoten muot $C.$ ₆ dû minne B = minne $C.$ ₇ rehter fuoge, und B = reinem guote $C.$ ₈ bœsen ræten B = bœsen $C.$ gar B = iemer gerne $C.$ ₉ swaz dir B = swaz $C.$ ₁₀ dûz dann B = dû daz $C.$ 109,₇ niwan (niht dan C) = wan. 110,₅ an sîn q = anz. ₈ ein ander (enander q) = ander.

Vergleichung der reihenfolge der töne bei Lachmann mit der in unserer ausgabe.

$XIII,_1 = 96$	$39,_{11} = 14$	$62,_6 = 49$
$XIII,_{11} = 97$	$40,_{19} = 31$	$63,_8 = 50$
$XV,_1 = 98$	$41,_{13} = 64$	$63,_{32} = 38$
$XVI,_1 = 99$	$42,_{15} = 42$	$64,_{31} = 66$
$XVII,_1 = 100$	$43,_9 = 58$	$65,_{33} = 32$
$XVII,_{31} = 101$	$44,_{11} = 47$	$66,_{21} = 92$
$3,_1 = 94$	$44,_{35} = 62$	$69,_1 = 30$
$8,_4 = 67$	$45,_{37} = 15$	$70,_1 = 33$
$10,_1 = 79$	$46,_{32} = 16$	$70,_{22} = 34$
$11,_6 = 73$	$47,_{16} = 102$	$71,_{19} = 103$
$13,_5 = 80$	$47,_{36} = 63$	$71,_{35} = 5$
$13,_{33} = 8$	$49,_{25} = 12$	$72,_{31} = 35$
$14,_{37} = 83$	$50,_{19} = 24$	$73,_{23} = 48$
$16,_{36} = 70$	$51,_{13} = 25$	$74,_{20} = 13$
$18,_{29} = 68$	$52,_{23} = 26$	$75,_{25} = 55$
$20,_{16} = 69$	$53,_{25} = 27$	$76,_{22} = 82$
$26,_3 = 76. \ 106$	$54,_{37} = 45$	$78,_{24} = 78$
$31,_{13} = 75$	$56,_{14} = 52$	$82,_{11} = 71$
$36,_{11} = 107$	$57,_{23} = 37$	$84,_{14} = 79$
$37,_{24} = 108$	$58,_{21} = 51$	$85,_{25} = 85$
$37,_{34} = 109$	$59,_{37} = 89$	$85,_{34} = 28$
$38,_{10} = 110$	$60,_{34} = 53$	$87,_1 = 87$
$39,_1 = 54$	$61,_{33} = 46$	$88,_9 = 36$

$90,15 = 61$	$104,33 = 86$	$115,6 = 10$
$91,17 = 1$	$105,13 = 74$	$115,30 = 29$
$92,9 = 20$	$106,17 =$ fehlt	$116,33 = 90$
$93,20 = 21$	$107,17 =$ „	$117,7 = 90$
$94,11 = 57$	$108,6 =$ „	$117,29 = 43$
$95,17 = 6$	$109,1 = 17$	$118,12 = 59$
$96,29 = 7$	$110,13 = 18$	$118,24 = 19$
$97,34 = 44$	$110,27 = 41$	$119,17 = 39$
$99,6 = 23$	$111,12 = 105$	$120,16 = 3$
$100,3 = 11$	$111,22 = 65$	$120,25 = 9$
$100,24 = 91$	$112,3 = 40$	$121,33 = 60$
$101,23 = 84$	$112,17 = 22$	$122,24 = 93$
$102,29 = 88$	$112,35 = 2$	$124,1 = 81$
$103,13 = 72$	$113,31 = 4$	$166,21 = 104$
$104,23 = 77$	$114,23 = 56$	$183,1 = 95$

Verzeichniss der liederanfänge.[1])

Diu minne lât sich nennen dâ $84,27$
diu werlt was gelf, rôt unde blâ 55
friuntlîchen lac 36
ich bin einer der nie halben tac $64,33$
ich sach hie vor eteswenne den tac 85
got gebe ir iemer guoten tac $39,1$
nû wachet! uns gêt zuo der tac $69,61$
rôter munt, wie dû dich swachest $25,37$
ahî wie kristenlîche nû der bâbest lachet $75,51$
mir ist liep daz si mich klage $53,25$
maneger frâget waz ich klage 8
ich lebte ie nâch der liute sage $103,17$
swer verholne sorge trage $42,17$
ouwê mîner wünneclîcher tage $26,17$
swes leben ich lobe, des tôt den wil ich iemer klagen $79,33$
mir ist mîn erre rede enmittenzwei geslagen $46,25$
frô Werlt, ir sult dem wirte sagen 91
ez ist in unsern kurzen tagen $78,129$
swelch herre nieman niht versaget $78,49$
lange swîgen des hât ich gedâht 35
uns hât der winter geschat über al 55
wer zieret nû der êren sal $69,136$
ez wære uns allen 44
wer gab dir Minne, den gewalt $45,41$
mîn êrste rede dies ie vernam $3,17$
wîp muoz iemer sîn der wîbe hôhste name $63,37$
in nomine dumme ich wil beginnen: sprechet âmen $75,121$

---

1) Ich habe nicht bloss die liederanfänge meiner ausgabe aufge-
nommen, sondern auch alle diejenigen strophen berücksichtigt, die in einer
von den anderen ausgaben als anfänge eines selbständigen liedes gefasst sind.

got, dîner Trinitâte 94
got weiz wol, daz mîn lop wær iemer hovestæte 76,102
wir suln den kochen râten 70ª,15
genuoge kunnen deste baz 9,37
Werlt, du ensolt niht umbe daz 89,15
ich muoz verdienen swachen haz 71,40
noch dulte ich tougenlîchen haz 47,21
man seit mir ie von Tegersê 77
der rîfe tet den kleinen vogelen wê 56
ob ieman sproche, der nû lebe 69,1
waz hât diu werlt ze gebenne 21
mir ist von ir geschehen 13,33
ich hœre iu sô vil der tugende jehen 58
ich hœre im maneger êren jehen 103,1
ich hœre des die wîsen jehen 69,76
ich hân mîn lêhen, al diu werlt, ich hân mîn lêhen 76,41
sie frâgent mich vil dicke, waz ich habe gesehen 79,9
Werlt, ich hân dînen lôn ersehen 92,25
der stuol ze Rôme ist allerêrst berihtet rehte 75,11
müget ir schouwen waz dem meien 25
den dîemant den edeln stein 78,9
ich saz ûf eime steine 67,49
âne liep sô manic leit 61
mîner frouwen darf niht wesen leit 26,33
mehtiger got, dû bist sô lanc und bist sô breit 79,81
ir bischofe und ir edeln pfaffen ir sît verleitet 75,141
die wîsen râtent, swer ze himelrîche welle 106,21
ichn weiz wem ich gelîchen muoz die hovebellen 75,101
mit sælden müeze ich hiute ûf stên 69,211
sagt an, her Stoc, hât iuch der bâbest her gesendet 75,61
leider ich muoz mich entwenen 90,8
ich trunke gerne dâ man bî der mâze schenket 106,31
der alsô guotes wîbes gert als ich dâ ger 51,27
allerêrst lebe ich mir werde 83
dô Liupolt sparte ûf gotes vart, ûf künftige êre 75,141
Philippe, künec hêre 70ª,11
nû sol der keiser hêre 74,29
her Wîcman, ist daz êre 70ᵇ,15
swer sich des stæten friundes durch übermuot behêret 106,51
swelch herze sich bî disen zîten niht verkêret 75,31
mir hât her Gêrhart Atze ein pfert 72,11
waz wunders in der werlte vert 69,106
nieman kan mit gerten 87
her bâbest ich mac wol genesen 73,25
Sô wê dir, Werlt, wie übel dû stêst 69,91
ich wolt hern Otten milte nâch der lenge mezzen 76,11
ouwê wir müezegen liute, wie sîn wir versezzen 80,15
jâ lige ich mit gedanken der alrebesten bî 96
ich wânde daz si wære missewende frî 51,37

swer giht daz minne sünde sî 3.$_{25}$
swer an des edeln lantgrâven râte sî 79,$_{41}$
der in den ôren siech von ungesühte sî 68,$_{49}$
zwô fuoge hân ich doch, swie ungefüege ich sî 63,$_{13}$
swie liep si mir von herzen sî 32,$_{17}$
diu krône ist elter danne der künec Philippes sî 68,$_{1}$
daz milter man gar wârhaft sî 86
ich gesprach nie wol von guoten wîben 11
vil tumbiu Werlt, ziuch dînen zoum, wart umbe dich 108
Philippes künec, die nâhe spehenden zîhent dich 68,$_{37}$
dêswâr, Reimâr, dû riuwes mich 71,$_{14}$
swelch man wirt âne muot ze rîch 78,$_{113}$
rît ze hove, Dietrich 71,$_{66}$
frô Sælde teilet umbe sich 45,$_{33}$
ein frouwe wil ze schedelîche 62,$_{11}$
genâde frouwe! alsô bescheidenlîche 34
ouwê ez kumt ein wint, daz wizzet sicherlîche 80,$_{8}$
ine gesach nie tage slîchen 33,$_{7}$
ich hân hern Otten triuwe, er welle mich noch rîchen 76,$_{1}$
ir vil minneclîchen ougenblicke 22
her keiser, swenne ir Tiuschen fride 73,$_{61}$
dû solt eine rede vermîden 33,$_{13}$
dô gotes sun hien erde gie 73,$_{37}$
mîn frouwe ist underwîlent hie 47,$_{1}$
er schalc, in swelhem leben er sî, der dankes triege 76,$_{81}$
uns irret einer hande diet 72,$_{33}$
an dem frîtage wurde wir vor der helle gefrîet 107,$_{2}$
nû wil ich mich des scharpfen sanges ouch genieten 75,$_{131}$
ich hôrte diu wazzer diezen 67,$_{1}$
frouwe enlât iuch niht verdriezen 28
frouwe, enlât iuch des sô niht verdriezen 2,$_{9}$
sît willekomen, her wirt' dem gruoze muoz ich swîgen 75,$_{71}$
maneger trûret, dem doch liep geschiht 64,$_{29}$
ein man verbiutet âne pfliht 65
mîn ouge michel wunder siht 60,$_{11}$
sie frâgent unde frâgent aber alze vil 38,$_{17}$
künc Constantîn der gap sô vil 69,$_{46}$
ich hân ir gedienet vil 90,$_{22}$
got gît ze künege swen er wil 73,$_{13}$
mir tuot einer slahte wille 4
herzeliebez frouwelîn 12
herzeliebez frouwelîn 97
solt ich den pfaffen râten an den triuwen mîn 79,$_{65}$
mac ieman deste wîser sîn 47,$_{31}$
ich bin des milten lantgrâven ingesinde 75,$_{81}$
under der linden 14
jâ waz wirt der kleinen vogelîne 98
die verzagten aller guoten dinge 50
wer kan nû ze danke singen 41

nû bîtet, lât mich wider komen $53_{,13}$

die mir in dem winter fröude hânt benomen 48

drî sorge hab ich mir genomen $71_{,53}$

waz êren hât frô Bône $70^a{}_{,29}$

an wîbe lobe stêt wol daz man sie heize schœne $75_{,171}$

mir ist verspart der sælden tor $69_{,16}$

herre got, gesegene mich vor sorgen 10

ez gienc, eins tages als unser herre wart geborn $68_{,25}$

ich hâte ein schœnez bilde erkorn $92_{,49}$

müeste ich noch geleben daz ich die rôsen 40

swer âne vorhte, herre got $69_{,151}$

stæt ist ein angest und ein nôt 7

die zwîvelære sprechent, ez sî allez tôt $51_{,1}$

her keiser, ich bin frônebote $73_{,49}$

ich sach mit mînen ougen $67_{,25}$

die herren jehent, man silz den frouwen $62_{,1}$

durhsüezet und geblüemet sint die reinen frouwen $106_{,1}$

mîn frouwe ist zwir beslozzen $21_{,11}$

jârlanc sint die tage trüebe 100

ir fürsten, tugendet iuwer sinne mit reiner güete $107_{,1}$

vil süeziu frouwe hôhgelopt mit reiner güete $106_{,11}$

ein wîp mit wîbes güete 101

daz ich dich sô selten grüeze 33

Marjâ klâr, vil hôhgeloptiu frouwe süeze $107_{,11}$

ouwê daz wîsheit unde jugent $71_{,1}$

selbwahsen kint, dû bist ze krump $84_{,1}$

ich hân gesehen in der werlte ein michel wunder $76_{,191}$

ouwê der wîse die wir mit den grillen sungen $80_{,22}$

sît got ein rehter rihter heizet an den buochen $76_{,112}$

ich hân gemerket von der Seine unz an die Muore $75_{,161}$

dir hât enboten frouwe guot $3_{,1}$

weder ist ez übel od ist ez guot 9

swer houbetsünde unt schande tuot $69_{,166}$

ganzer fröuden wart mir nie sô wol ze muote 17

junger man, wis hôhes muotes 1

ich sanc hie vor den frouwen umbe ir blôzen gruoz $63_{,49}$

Wörterbuch [1]).

à *interj.*, *zur Verstärkung des nach-*
drucks angehängt an imperative (be-
kôrâ, snîâ) *oder partikeln* (neinâ).

ab 1. *präp. von;* 2. *nebenform von*
aber.

abe 1. *adv. ab;* 2. *nebenform von* aber.

aber, abe, ab *abermals; aber.*

abgründe *stn. abgrund.*

ahî *interj.* hah.

aht *stf. lage, stand.*

æhter, *stm. geächteter.*

al *adj. all, ganz; auch adv.;* aldâ,
alhie *kaum verschieden von* dâ, hie.

alleine *mit gen. verlassen von.*

allerêrst, alrêrst *zuerst, erst recht;*
von alrêrste *zuerst.*

allez *eigentl. acc. sg. n. immerfort.*

Almân *bezeichnung des Deutschen im*
munde des Italieners.

almuosenære *almosenempfänger.*

alsam *ebenso; rel. ebenso wie; als ob.*

alsô, *abgeschwächt* alse, *als adv. so,*
ebenso, unter der bedingung; rel.
wie, wenn.

alsolch *gerade solch.*

alsus, *so.*

alten *swv. alt werden.*

alter *stm. altar.*

alters eine *ganz allein.*

alumbe *ringsherum.*

alzan == allez an *immerfort.*

ande *swm. kränkung.*

anden *strafen.*

ander *adj. der zweite; in einem ver-*
gleiche pleonastisch: als mîn ander
hant *wie meine hand.*

anders *adverbialer gen. im übrigen*
sonst.

âne, ân *ohne, ausser; mit vorange-*
stelltem gen. ledig, ermangelnd.

anegenge *stn. anfang.*

anegengen *swv. einen* aneganc, *d. h.*
eine unheil bedeutende begegnung
machen.

ange *adv. zu* enge *sorgfältig.*

angestlich *schrecklich.*

arc *arg, karg.*

arebeit *stf. mühe, leid; das durch*
mühe errungene.

arke *f. kasten.*

armen *swv. arm sein.*

armman *unglücklicher mann.*

ars, *stm. der hintere.*

art *stf. beschaffenheit.*

arzenîe *stf. heilkunde.*

bâbest *pabst.*

balde *adv. eilig.*

balsamite *balsampflanze.*

balsme *swm. balsam.*

balt *kühn, dreist.*

ban *stm., pl.* benne *bann.*

baniere *stf. banner.*

bannen *stv., praet.* bien *in den bann*
tun.

bar *mit gen. entblösst von.*

barmenære *erbarmen.*

barmunge *stf. erbarmen.*

barn *stn. kind.*

baz *adv. besser, wohler; pleonastisch*
nach comp.: grœzer baz.

bêde ·· beide.

---

bedenken *mit acc. sorgen für.*

bevollen *adv. völlig.*

begàn, begèn *stv., prät.* begie *unternehmen, ausüben;* sich begèn *leben.*

begonde, begunde *prät. von* beginnen.

begrifen *greifen.*

behalten *bewahren, aufbewahren, zurückhaltend im geben sein;* den strit b. den sieg *behaupten;* sich b. *sich halten, aufführen.*

behèren *swv. refl. mit gen. sich jemandem gegenüber überheben.*

beherten *erzwingen.*

behüetᴇn *behüten, verhüten,* ʀich hüten vor.

beide — unde *sowohl — als auch.*

beidenthalp, bᴇdenthalben *auf beiden seiten.*

beiten *swv. mit gen. warten.*

bejagen *erwerben.*

bekennen *kennen.*

bekèren *wenden, einrichten.*

bekerkeln *einkärkern (?).*

bekliben *stv. fest wachsen, wurzel fassen.*

belangen *unpers. verlangen.*

beliben, bliben *stv bleiben, zurückbleiben.*

benahten *die nacht hinbringen.*

beràten *stv. versorgen.*

bereiten *zurecht machen.*

berihten *in ordnung bringen, unterweisen.*

bern *stv. tragen, bringen, schaffen.*

bern *swv. schlagen.*

bescheiden *stv. auseinandersetzen; zuweisen, bestimmen.*

bescheiden, *part. dazu, sich zu benehmen wissend.*

bescheidenlich *adj. gebührlich.*

bescheidenliche *adv. auf festgesetzte weise;* alsò b. *unter solcher bedingung.*

bescheinen *swv. offenbar machen.*

beschèlten *stv. schelten; part.* bescholten *mit makel behaftet.*

beschœnen *verschönern, wohl aufnehmen (?).*

beseme *swm. besen.*

besitzen *belagern, bildl.* 82,₅₁.

besliezen *einschliessen, zuschliessen.*

besorgen *mit acc. sorge tragen etwas abzuwenden.*

bestàn, bestôn *angreifen, ergreifen; zukommen, zugehören (mit acc.).*

beste *adv.;* sò — beste *so gut als.*

bestellen *besetzen.*

besunder *adv. besonders, einzeln.*

besuochen *nachsuchen.*

beswæren *schwer machen, bekümmern.*

betagen *zu tage kommen; den tag hinbringen.*

bete *stf. bitte.*

betiuten *deutlich beschreiben.*

betœren *zum toren machen, äffen.*

betràgen *unpers. m. acc. der person u. gen. der sache, zu lange dauern, lästig werden.*

betriegen *stv. betrügen; part.* betrogen *verblendet.*

bettestat *lagᴇrstätte.*

bewæren *beweisen.*

bewarn *schützen; verhüten.*

bewarten *mit einer wache besetzen.*

bewegen, sich eines dinges *auf etwas verzichten.*

bezzer 35,₂₀ *nützlicher.*

bezzerunge *wendung zum besseren.*

bì *präp. bei, an;* bì drìzec pfunden *gegen dreissig pfund; adv. in der nähe.*

bìderbe *nützlich, tüchtig, vornehm.*

bien *prät. von* bannen.

bilde *stn. bild, gebilde, vorbild.*

binden, ze beine *gering anschlagen* wol gebunden *mit gutem gebende.;*

bìspel *stn. lehrhafte rede.*

biten *stv. bitten, mit gen. um etwas; mit dat. für einen.*

bìten *stv. warten.*

blà *blau.*

blat, niht ein b. *nicht das geringste.*

blecken *sichtbar werden.*

blìchen *stv. blass, farblos werden.*

blint, *blind, dunkel.*

blœde *schwach.*

blôz *substantiviert in* decke b. *decke das blosse (?).*

blüemen *(mit blumen) schmücken.*

bluot *stf., gen* blüete *blüte.*

Bogenære *Bogner, graf von Katzenellenbogen.*

borc *stm borg, erborgtes.*

borgen *auf borg nehmen oder geben;* ûz b. *entleihen; vgl. Zarncke, Beitr.* VII, 602.

hosch *busch.*

bœse *geizig* 75, 87.

bouwen == bûwen *wohnen.*

brâ *stf. braue.*

brechen *durchbrechen, sich durch etwas nicht einengen lassen; für b. bei seite schieben, als nicht vorhanden betrachten.*

breiten *ausbreiten.*

brief *aufzeichnung (schuldbuch).*

brinnen *stv , prät.* bran *brennen (intr.).*

brogen *sich übermütig benehmen.*

brunne *swm. quelle.*

büezen *wider gut machen , abhülfe woron verschaffen (mit gen.).*

buggerûmen *in* buggeram *(ein aus ziegenharen gewebter stoff) kleiden (?)*

buoz, des ist b. *dafür ist abhülfe geschaffen*

butze *swm. schreckbild.*

cirke *swm. reif, fürstenkrone.*

dâ (da) *da; rel. wo*, dâ .. an *daran,* woran; dâ .. inne *darin, worin etc.*

dagen *swv. schweigen.*

dahte *praet. von* decken.

dan, danne, denne *als nach comparativen.*

dan, dannen *von dannen, rel. von wo.*

danc *dank, preis;* dankes *freiwillig;* âne danc *wider willen.*

dandern – die andern.

danne, denne *dann;* == dan.

dannoch, dennoch *ferner noch, noch.*

dar *dahin, wohin, dazu;* alsô dar *immer zu.*

dar – dâ *in* dar abe, dar an *etc.*

dast == daz ist.

dazt == daz dû.

dehein, dekein *irgend ein (ullus), kein.*

deich == daz ich.

deis, deist == daz ist.

deiz == daz ez.

dekein == dehein.

denne – danne.

der, diu, daz *pron. dem. und rel., art.; gen.* des *deswegen;* diu *(instrumentalis)* geliche *derartig.*

der *in* dermite, dernider == dar, dâ.

derde == die erde.

dèst == daz ist.

deste *desto.*

dèswâr == daz ist wâr *fürwahr.*

deweder *irgend einer (mit negation keiner) von zweien.*

dicke *oft.*

dienen *dienen, verdienen.*

dienest *stm. oder stn. dienst;* mín d. sagen *eine empfehlung von mir bestellen;* sîn d. enbieten *eine empfehlung sagen lassen.*

dienstman *ministeriale.*

diep, mín d. *der mich bestohlen hat.*

diet *stf. volk, leute; die heiden.*

diezen *stv. rauschen.*

dinc *sache, angelegenheit.*

dingen *verhandeln.*

dirre, disiu, diz *oder* ditze *dieser.*

diufe *stf. diebstahl.*

dô (do) *da, damals, als.*

doln *dulden.*

dôn *ton;* dœnen *tönen.*

dörperheit *bäurisches benehmen.*

dörperlich *bäurisch.*

dougen – diu ougen.

draben *traben.*

dræte *adj.,* drâte *adv. schnell.*

drîe *stf. die drei, dreiheit.*

drien *dreifaltig, zur drei machen.*

dringen *stv. dringen, drängen.*

driunge *verdreifachung.*

drô *stf. drohung.*

drü *stf. schlinge, klemme.*

drüzzel *stm. schnauze.*

dulteclich *mit leiden verknüpft.*

dumme *entstellt aus lat.* domini.

durch, dur *wegen, um — willen.*

durchsüezen *mit lieblichkeit durchdringen.*

Dürinc, Dürenc *stm. Thüringer.*

dürfen *nötig haben, brauchen.*

dürfte *stf. bedürftigkeit.*

dürkel *durchlöchert.*

duz *stm. schall.*

è *stf. satzung*; *insbesondere kirch·iche satzung im gegensatz zu der weltlichen* (reht); *religion.*

ê *adv. früher, eher, lieber*; *bevor, ehe*; *dafür auch* ê *danne,* ê *daz*; *als präp. in* ê *daz vordem.*

ebenære *gleichmacher.*

ebene *adv. gleichmässig, angemessen.*

ebenkristen *stm. mitchrist.*

eht, et *adv. nur, eben, nun einmal.*

eichin *adj. von eichenholz.*

eiden *in eid nehmen.*

eigen *adj. eigen, leibeigen*; *stn. eigentum, spec. grundbesitz*; für e. *zu eigen.*

eigenlichen *adv. wie ein leibeigener.*

ein *ein, allein*; sin *eines leben das leben von ihm allein*; eine *sw. nom. oder adv. allein*; ûf ein *zusammen*; *als artikel auch in vergleichungen und anreden, wo im nhd. kein artikel steht.*

einest *einmal.*

einlif *elf.*

einlœtic *aus einer gleichmässigen masse gebildet.*

eischen *stv. fordern.*

ellen *stn. kraft.*

ellende *in fremdem lande weilend.*

ellenden, sich *in die fremde gehen.*

elliu *nom. sg. f. und nom. acc. pl. n. von al.*

en 1. = ne; 2. = in; 3. = den.

enbern *stv. mit gen. entbehren, frei bleiben wovon.*

enbieten *st. v. wissen lassen.*

enbizen *frühstücken*; enbizzen sin *gefrühstückt haben.*

ende *ende*; eines dinges z'ende komen *mit etwas zum abschluss kommen*; dêst ein ende *das steht fest*; ein e. geben *einen endgültigen ausspruch tun.*

eudelîche *adv. entschieden.*

endelist *letzte klugheit.*

enderât *endgültiger entschluss.*

enfremeden *fern halten.*

engolten *stv. mit gen. nachteil wovon haben*; wes hânt sie engolten *wodurch haben sie es verschuldet?*

enhein *kein.*

enmitten *mitten*; enmittenzwei *in der mitte entzwei.*

enpfâhen *stv. empfangen.*

enpfallen *entfallen.*

enpflegen *mit gen. sich benehmen gegen.*

en(t)springen *entspringen, blüten treiben.*

enthalten *fassen.*

entrennen *zertrennen.*

entriuwen *fürwahr.*

entstên *wahr nehmen, verstehen*; sich e. *verständniss, urteil haben.*

entsliezen *aufschliessen.*

entswellen *die aufschwellung verlieren, besänftigt werden.*

entwenen *entwöhnen.*

entwern, einen eines dinges *versagen.*

entwîch *stm. das entweichen.*

entwonen *sich entwöhnen.*

enweder *keiner von zweien.*

enwiht = ein wiht *ein unbedeutendes ding, so viel als nichts.* e. machen *zu nichte machen.*

er *pron. er, derjenige*; *dat. auch reflexiv*; *pleonastisch das prädicat vorweg nehmend:* ich binz der sun *etc.*

erbarmen *mit acc. leid tun, jammern.*

erbeiten *mit gen. warten auf.*

erben *sich vererben.*

erbermde *stf. barmherzigkeit.*

erbermic *barmherzig.*

erblenden *blenden.*

erborn *angeboren.*

erdenken *durch nachdenken finden.*

erdringen *durch drängen gewinnen.*

êre *stf. ehre, häufig im plur.*; ê. hân *geehrt werden, mit gen. wodurch.* tuo dîn ê. *tu was dir zur ehre gereicht.*

ervarn *durchfahren.*

erfiuhten *anfeuchten, erfrischen.*

erfüllen *anfüllen.*

erfürhten, *part.* erforht *fürchten.*
ergân *geschehen, ergehen, ablaufen.*
ergeben *hingeben.*
erglesten *erglänzen.*
ergraben *eingraben.*
erheben *stv. anheben.*
erhellen *stv. erschallen.*
erholn, sich *etwas versäumtes einbringen.*
erkennen *kennen, kennen lernen*; milte erkant *als freigebig bekannt.*
erkiesen *stv., part.* erkorn *erwählen.*
erkôsen, sich *sich satt plaudern.*
erlaben *erfrischen.*
erlâzen, einen eines dinges *einem etwas erlassen.*
erlesen *herauslesen.*
erliden *erleiden, sich gefallen lassen.*
ermen *arm machen.*
erre *adj. comp. frühere.*
erschamen, sich *in scham geraten.*
erscheinen *swv. zeigen.*
erschellen *stv. erschallen.*
erschrecken *stv. auffahren, zurückbeben (mit gen.).*
êrste *adv. zuerst.*
erteilen *zuteilen.*
ertœren *zum toren machen, für einen toren halten, betäuben.*
erwelt *part. auserwählt.*
erwenden *zur umkehr bringen, abwenden.*
erwinden *umkehren, aufhören, nachlassen.*
erzünden *entzünden.*
êst = ez ist.
eteslich *mancher.*
eteswaz *etwas.*
eteswenne *manchmal.*

val *adj. fahl, blond.*
val fall, ze valle geben *ins verderben stürzen.*
valsch *stm. falschheit, falsche münze, makel.*
valwen *fahl werden.*
vâren *mit gen. trachten nach.*
væren *auflauern, überlisten.*
varn *fahren, überhaupt sich bewegen,*

kommen; *sich benehmen, befinden; part.* varnde *rasch vergänglich; im stande sich zu bewegen, wohlauf;* v. guot *bewegliche habe;* varndez volc *spielleute.*
vârwe *farbe, äusseres ansehen.*
vaste *adv. sehr, dicht.*
vastenkiuwe *fastenfrass.*
vêch *bunt.*
vehten *sich abmühen.*
vêhen, vên *hassen, feindselig behandeln.*
vuige *zum verderben bestimmt.*
vellen *zu falle bringen.*
velschen, sich *sich falsch erweisen.*
veltgebû *bebautes feld.*
verbern *stv. fern bleiben von, vermeiden, unterlassen.*
verbieten ein spil *den gegner im spiel überbieten.*
verderben *swv. zu grunde richten.*
verdienen *dienen um etwas, was man erlangen will oder schon erlangt hat, durch dienst erwerben.*
verdriezen, mich verdriezet eines dinges *mir wird etwas zu viel, dauert zu lange.*
verdringen *verdrängen;* drängen zu (?).
vereinen, sich *mit gen. seinen sinn worauf richten.*
vereischen *erfahren.*
verenden 1. *ein ende finden;* 2. *zu ende bringen.*
vervâhen, vervân *mit acc. helfen, nützen.*
vervarn *vergehen.*
vervellen *zu falle bringen.*
vergân *mit acc. bei einem vorbeigehen.*
vergeben *mit dat. vergiften.*
vergebene *adv. umsonst.*
vergelten *bezahlen.*
vergezzen *mit gen. vergessen; sich* v. *sich versehen; part.* vergezzen *gedankenlos.*
verguot = für guot.
verhêret *durch vornehmheit unnahbar gemacht.*
verhouwen *niederhauen; verwunden.*

verirron *in die irre führen, in ver-
wirrung bringen.*

vorjehen *mit gen. aussagen, zugestehen.*

verkêren *ins gegenteil verwandeln;
verdrehen.*

verkiesen *stv. verschmähen.*

verklûsen *einsperren wie in eine klause.*

verlegen *zu lange gelegen habend,
durch trägheit in seinem äusseren
vernachlässigt.*

verleiten *in die irre führen.*

verliesen, fliosen *stv. verlieren, ver-
geblich anwenden.*

verlisten *überlisten.*

vermiden *unterlassen, fern bleiben von.*

vermissen *entbehren;* durch ein v.
*weil es ihm fehlt (an mitteln zum
geben).*

vernæjen *einnähen, einschnüren.*

verpflegen *aufhören zu treiben.*

verpflihten, sich ze *sich an etwas
hängen.*

verre *adv. fern, in die ferne, aus der
ferne; viel, sehr.*

verren *entfernen, entfremden.*

verschallen *übertönen.*

verschampt *die schamhaftigkeit ver-
loren habend.*

verschelken *knechten.*

verschraget *verschränkt, in einer
schiefen unrichtigen stellung befind-
lich (?).*

verschröten *part. falsch geschnitten.*

verschulden *verdienen, vergelten.*

versinnen, sich *zu verstand kommen,
verständig sein;* überlegen; *sich auf
etwas verstehen; part.* versunnen
verständig.

versitzen, versezzen sin *sich auf einen
falschen platz gesetzt haben.*

versmähen *verächtlich erscheinen.*

versnîden *zerschneiden; verwunden
(bildl.).*

versprechen *mit acc. gegen etwas
sprechen.*

verstân, ze guote v. *zum guten aus-
legen;* sich v. *verständig sein; mit
gen. gewahr werden.*

versûmen *vernachlässigen, unnütz hin-*

bringen; sich v. *nachlässig sein;
seine zeit unnütz hinbringen.*

versuochen *erproben.*

verswachen *geringer, schlechter machen.*

verswern *durch meineid preisgeben.*

vert *im vorigen jahre.*

vertragen *sich gefallen lassen, gelten
lassen.*

vorwænen, sich *erwarten (mit gen.).*

verwarren = verworren *part. zu ver-
werren in unordnung bringen.*

verwâzen *part. verflucht, unglückselig.*

verwizen *stv. vorwerfen.*

vorzaget *mit gen. verzweifelt an; zu-
rückhaltend, knauserig mit.*

verzihen, sich *mit gen. verzichten auf.*

verzinsen *als zins hingeben.*

vielt *prät. von* valten.

vient, vint *feind.*

vieren *behauen, glätten (— lat.* qua-
drare).

vil *subst. mit gen. viel; adv. sehr.*

villen *geisseln.*

vingerlîn *stn. fingerring.*

vingerzeigen *mit dem finger zeigen.*

fiuhte *stf. feuchtigkeit.*

flô — flêhe *stf. das flehen.*

fliesen = verliesen.

fliz *sorgfalt.*

flîzen, sich *sich befleissigen.*

flietic *flutig, überströmend.*

voget *richter, schirmherr.*

volenden *zu ende bringen.*

volflüegen *zur vollendung bringen.*

volge *beistimmung.*

volgen, mite v. *folgen, gesellschaft
leisten.*

volle *stm. fülle; ze* vollen *vollständig.*

vollecliche *adv. reichlich.*

volmezzen *reichlich gemessen.*

volrecken *vollständig auseinander-
setzen.*

von *von, in folge von, vor, durch.*

vor, hie v. *früher.*

vorhte *stf., auch im plur. furcht.*

fremede *fern, fremd, seltsam.*

freudehelfelôs *adj. dem niemand zur
freude verhilft.*

frevellîchen *adv. vermessen.*

frî lâzen *fern bleiben von.*

fride *stm. waffenruhe, rechtssicherheit.*

fridebære *friedfertig.*

friedel *geliebter.*

frîen *frei machen.*

fristen *verschieben, schützen.*

friunden *zum geliebten machen.*

friundin, -inne *geliebte.*

friunt *freund, geliebter, geliebte.*

friuntlichen *adv. nach art eines geliebten.*

frô sin *mit gen. einverstanden sein, billigen.*

frô = frou *proklitische form zu* frouwe.

frömde = fremde.

frône, frôn *indeclinables adj. heilig.*

frônebære *heilig, herrlich.*

frônebote *gerichtsbote.*

frouwe, frou, frô *herrin, (adlige) dame;* hêre f. *anrufung der Maria.*

frouwelîn *deminut. dazu, als anrede an ein mädchen niederen standes, der der titel* frouwe *von rechtswegen nicht zukommt.*

frum(e) *swm. vorteil.*

frümekeit *trefflichkeit.*

frumen *nützen.*

füegen *zu wege bringen, zu teil werden lassen.*

füegerinne *bewirkerinn.*

fuoge *schickliches benehmen, geschicklichkeit.*

fuore *lebensweise.*

fuoz, niemer f. *nie einen fuss breit.*

für *adv. u. präp. vor, für, anstatt, über — hinaus, mehr als, gegen;* für sich *vorwärts.*

fürder *adv. bei seite, weg.*

fürgedanc *stm. vorausgehende überlegung.*

furrieren *füttern.*

gâch, mir ist g. *ich habe es eilig.*

gâhen, in allen g. *in aller eile.*

gâhen *swv. eilen.*

gampelspil *possenspiel.*

gan *ich gönne; zu* gunnen.

gân, gên *gehen;* abe g. *gebrechen;* an

g. *angreifen;* ûf g. *überhand nehmen;* zuo g. *sich nähern.*

ganz *unverletzt, vollständig.*

gänzlich *das selbe.*

gar *adv. ganz.*

ge- *partikel, bildet teils mit einem nom. oder verb. eine feste composition von eigentümlicher bedeutung, teils hat es vor dem verb. eine bestimmte syntaktische function, ohne sonst die wortbedeutung zu verändern. Im letzteren falle suche man unter dem einfachen worte. So gibt es dem prät. die bedeutung des plusquamp. Ferner dient es zur bezeichnung des nur gedachten, nicht wirklichen, kann demnach stehen namentlich in allen negativen sätzen, bei dem infin. nach hülfszeitwörtern, in verallgemeinernden relativsätzen.*

gebâren *sich benehmen, umgehen.*

gebe *stf. gabe.*

gebon *swv. mit dat. beschenken.*

gebende *stn. kopfschmuck.*

gebieten, gebiut mir *verabschiede mich.*

gebûre *swm. bauer.*

gedanc *stm. gedanke.*

gedenken nâch *mit seinen gedanken etwas zu erfassen suchen.*

gedien = gedîhen *stv. in einen zustand geraten.*

gedinge *swm. u. stn. hoffnung.*

gedingen *hoffen.*

gedultic *verträglich.*

gevallen *zufallen.*

gevar *adj. eine gewisse farbe habend.*

gevelle *stn. das fallen der würfel, ausfall.*

gefriunt *mit freunden versehen.*

gefüege, adv. gefuoge *schicklich, wolerzogen.*

gegen, gein *präp. mit dat. gegen, entgegen, gegenüber.*

gehaben, sich *sich benehmen.*

gehaz *adj. feindlich.*

geheize *stn. versprechen.*

geheizen *versprechen.*

gehirmen *ruhen.*

gehiure *lieblich.*

gehovet *höflsch.*

gein = *gegen.*

geláz *stm. oder stn. gestalt, aussehen.*

geleben *erleben.*

gelf *glänzend.*

gelich *gleich; adv.* geliche *gleich-
mässig, entsprechend.*

gelichen *vergleichen, gleich stellen;
gleich kommen.*

geligen *darnieder liegen;* obe g. *die
oberhand behalten.*

gelt *stm. oder stn. vergeltung; ein-
kommen.*

gelten *kosten; bezahlen, vergelten.*

gelust *wolgefallen.*

gemach *ruhe, bequemlichkeit.*

gemeine *gemeinsam, übereinstimmend;*
ez g. hân *gemeinsame sache machen.*

gemeit *fröhlich, stattlich.*

gemelich *spasshaft.*

gemüete *stn. gesinnung, stimmung.*

gemuot *gesinnt, gestimmt.*

g(e)nâde *gnade, huld; insbesondere
gunst der geliebten dame;* eines g.
hân *einem seine gunst gewähren;*
öfters ist g. *bittender ausruf, soviel
als „gewähret mir gnade".*

genâden *gnädig sein.*

genædeclich *gnädig.*

genæme *genehm, angenehm.*

genesen *am leben bleiben, erhalten
werden, sein seelenheil finden.*

genieten, sich *mit gen. sich stark
mit etwas abgeben.*

geniezen *mit gen. vorteil wovon haben;*
genozzen *vorteil gewonnen habend.*

genôz, gnôz *stm. jemand, der einem
gleich ist (mit gen.).*

genôzen *gleichstellen, dâ zuo dem.*

genuoc *subst indecl. genug; adj. viel;
adv.* genuoc *und* genuoge.

ger *stf. verlangen.*

geræte *stn. rat.*

gerihte *stn. gericht, rechtsordnung,
regierung.*

gern *mit gen. begehren, verlangen;* die
gernden *die gaben heischenden spiel-
leute.*

gerne *gern, bereitwillig; comp.* gerner.

geselle *genosse, freund.*

gesiht *stf. anblick;* zir gesihte vor
ihren augen.

gesinde *stn. gesammtheit der unter-
gebenen.*

gestalt *part. von stellen.*

gestân *stehen bleiben, bleiben.*

gesünde = *gesunt.*

geswigen *stv. verstummen.*

getât *beschaffenheit.*

getriuwen, getrûwen *trauen, zutrauen,
sich getrauen.*

getwerc *stn. zwerg.*

gewalt *stm. gewalt, gewalttätigkeit.*

gewalteclîche(n) *adv. gewaltig, ge-
waltsam.*

gewaltic *stn mit gen. in seiner gewalt
haben.*

gewerp *stm. werbung, bemühung.*

gewinnen *erlangen, bekommen.*

gewizzen *verständig.*

gewon *adj. gewohnt.*

geworht *part. von würken.*

gihe, giht *zu jehen.*

gitekeit *habsucht.*

gitsen *habsüchtig sein.*

glesin *gläsern.*

gouch *kukuk; narr.*

gougelære *gaukler.*

gougelbühse *zauberbüchse.*

gougelfuore *lebensweise, die ewig wech-
selt wie die künste eines gauklers.*

grâ *grau.*

grât *stm. gräte.*

grimme *schrecklich.*

grinen *stv. knurren.*

grôz *dick, gross.*

güete *trefflichkeit, auch im plur.*

guggaldei *kukuk (f).*

gülte *stf. schuld.*

gunêren *beschimpfen.*

gunnen *mit gen. gönnen.*

guot *adj. gut, nützlich;* für g. hân
womit vorlieb nehmen.

guot *stn. etwas gutes, besitz.*

habe *stf. hafen.*

habedanc *stm. dank, lob.*

haben, hân *haben, halten, behandeln;*
  intr. halten (vom reiter).

hal *prät. von* hellen *und von* heln.

halbe *adv. zur hälfte.*

halsen *stv. umarmen; part.* gehalsen
  zärtlich.

halten *behalten.*

handelunge *bewirtung.*

hanhte *prät. von* henken.

hant, einer hande *einerlei;* guoter
  hande *von guter art.*

hantgetât *stf. geschöpf.*

hâr, niht ein hâr *nicht das geringste.*

harpfen *harfe spielen.*

harte *adv. zu* herte *sehr.*

heben, sich *sich aufmachen, anfangen.*

hei *interj. hah.*

heiden *stm. heide.*

heiles wort *beglückwünschung.*

heilegeist *heiliger geist.*

heim *heimwesen;* heim, hein *nach
  hause;* heime *zu hause.*

heimsch *einheimisch.*

helfe *hülfe.*

helfen *mit acc. oder dat., mit gen.
  wozu verhelfen.*

hellemôr *höllenmohr, teufel.*

hellen *stv. schallen;* eilen *(?).*

heln *stv. verhehlen.*

henken *hängen lassen.*

her *her; bisher;* dâ her *bisher.*

hêr *und* hêre *erhaben, heilig, vor-
  nehm, übermütig.*

hêrebernde *herrlich, heilig.*

hêren *swv.* hêr *machen.*

hergeselle *kampfgenosse.*

hêrliche *adv. in herrlicher weise.*

hêrsch *sich vornehm benehmend.*

herte *hart.*

herzeichen *feldzeichen.*

herzeleide *stf.,* herzeleit *stn. herzeleid.*

herzeliebe *stf. herzensfreude, herzliche
  neigung.*

herzeliep *stn. herzensfreude, geliebte.*

hien erde == hie en e. *hier auf erden.*

himelhort *himmelsschatz.*

himelfrouwe *herrin des himmels.*

hin *von hier;* hin umbe *auf die an-
  dere seite;* hin ze jâre *übers jahr.*

hinaht *heute nacht.*

hinder sich *zurück.*

hinne ·· hie inne *hierin.*

hiure *in diesem jahre.*

hôch, hô *adj. hoch, herrlich, gehoben,
  fröhlich.*

hovebære *in höfischer sitte bewandert.*

hovebelle *swm. hofbeller, höfling.*

hovelich, *adv.* hoveliche(n) *hofge-
  mäss.*

hovescheit *höfisches benehmen.*

hoveschen *den hof machen.*

hovestæte *dem hofe treu.*

hovewert *des hofes wert.*

hôhe, hô *adv. zu* hôch; sît ez in
  alsô hôhe stê *da es ihnen so teuer
  zu stehen kommen kann.*

hôhgemâc *adj. von vornehmer ver-
  wandtschaft.*

hôhgemüete *gehobene, fröhliche stim-
  mung.*

hôhgemuot *adj. in fröhlicher stimmung.*

hœne *schmählich.*

honegen *voll honig sein.*

hœnen *in schande bringen.*

hornunc *februar, bildl. frostbäulen.*

hort *schatz.*

houbetsünde *todsünde.*

hübesch ·· hövesch.

hulde *huld, geneigtheit;* mit hulden
  mit erlaubniss.

huobe *hufe, stück land.*

huote *hut, aufsicht, auflauerung.*

ie *je;* immer.

iedoch *jedoch, dennoch.*

ieglich, iegeslich *jeglich.*

ieman, iemen *jemand; in absichts-
  sätzen auch =. niemand.*

iemer *je (nie nach* ich wânde); *immer;*
  iemer mêre *immerfort.*

iender *irgendwo.*

iesâ *sogleich.*

iesch *prät. von* eischen.

ietweder *jeder von zweien.*

ieze, iezuo *jetzt.*

iht *irgend etwas; adverbial: irgend,
  etwa; in absichtssätzen* = niht.

i'm -- ich im.

in 1. *in, ein;* 2. *ihn, ihnen;* 3. =
ich ne.
ine = ich no.
ingesinde *stn. gesammtheit der hof-*
leute; ich bin i. *ich gehöre zum* i.
inne = in dem(e).
innân *innen.*
inne *innen, in;* inne bringen *m. gen.*
belehren über.
inneclich, *adv.* innecliche(n) *herzlich.*
insigel *siegel, stempel.*
irre *mit gen. unsicher in bezug auf.*
irren *mit gen. stören worin.*

jâ *ja, fürwahr.*
jârlanc *in dieser zeit des jahres.*
jehen *stv.,* 1. *sg. ind.* gihe *behaup-*
ten, zugestehen (mit dat. der person
und gen. der sache); sich j. *für*
sich bekennen als.
jô *fürwahr.*
junc, ze jungest *zuletzt.*
jungen *jung werden.*
jungherre *junger herr.*

kalc *kalk, tünche.*
kamerære *schatzmeister.*
kapfen *schauen.*
kappe *mantel.*
karkelvar *kärkerfarben (?).*
kein *irgend ein, kein.*
kemenâte *heizbares zimmer, vertrau-*
liches gemach, im gegensatze zu dem
allgemeinen empfangsaal.
kempfe *kämpfer.*
kiel *kiel, schiff.*
kiesen *stv. wahrnehmen, wählen.*
kint, von kinde *von kind auf.*
kit, daz k. *das heisst.*
kiusche *adj. enthaltsam, rein.*
kiusche *stf. enthaltsamkeit, reinheit.*
klagen *mit acc. beklagen.*
kleine *subst. und adv. wenig.*
klôsenære *klausner.*
klûs *klause.*
knolle *stm. anschwellung;* ich gewinne
k. *ich werde grob.*
krâ *stf. krähe.*
kraft *kraft, fülle.*

krage *swm. kragen.*
kranc *schwach, gering.*
kraneche *swm. kranich;* kranechen
trit *stolzer tritt.*
kronken *schwächen, erniedrigen.*
Krieche *swm. Grieche;* ze Kriechen
in Griechenland.
kripfe *suf. krippe.*
kristen *stm. krist.*
kumber *bedrängniss, leid.*
künde *stf. bekanntschaft.*
kündeclichen *adv. offen, vor aller*
augen.
kündekeit *list.*
kunder *stn. seltsames geschöpf.*
kündic *bekannt.*
kunft *ankunft, herannahen.*
künftic *kommend.*
kunnen *wissen, verstehen, können;* k.
ze *sich auf etwas verstehen;* einem
k. *mit einem fertig werden können.*
kunterfeit *stn. das nachgemachte, un-*
echte.
kür *stf. wahl;* sâzen ander k. *setzten*
sich zu einer anderen wahl (?).
kür *conj. prät. von* kiesen.
kurzewile *kurzweil, unterhaltung.*
kurzlich *adv. kurz.*
küssen *stn. kissen, im wortspiel mit*
küssen *küssen.*

lacheliche *adv. dem lachen entspre-*
chend.
lâge *stf. hinterhalt.*
lân = lâzen.
lantrehtære *jemand, der sich mit dem*
landrecht abgibt, danach richtet.
lære *leer, mit gen. von.*
laster *schande.*
lasterliche(n) *in schimpflicher weise.*
lâzen, lân *lassen, verlassen, fahren*
lassen; sich l. *sich verlassen;* einem
den strit l. *ihm das feld räumen;*
lât mich gân *nehmt an (gesetzt), ich*
ginge.
lô *stm. hügel.*
leben *stn. leben, stand, stellung.*
lecker *schmarotzer, schmeichler.*
ledic *frei.*

lêhen *lehen, verleihung.*

leide *adv. schmerzlich*; 1. sin *weh sein*; 1. tuon *weh tun.*

leiden 1. *unangenehm werden oder sein*; 2. *unangenehm machen.*

leisten *befolgen.*

leit *adj. leid, verhasst.*

leit = leget; leite = legete.

leste *superl. letzte.*

letzen *m. acc. ein ende machen.*

liebe *stf. freude, liebe.*

liebe *adv. angenehm*; mir wirdet l. *ich komme in angenehme stimmung.*

lieben 1. *angenehm werden oder sein*; 2. *angenehm machen.*

liegen *lügen; verweigern:* nie gelouc, ezn sagte *nie verweigerte zu sagen.*

lieht *licht, glänzend.*

liep *stn. freude, angenehmes; gelieb-te(r).*

ligen *liegen, niedersinken*; 1. an wo-rauf beruhen, womit verknüpft sein; obe 1. *obsiegen.*

lîhen, *prät.* lêch *leihen, zu lehen geben; part.* geligen *erborgt, nur äusserlich angenommen.*

lîhte *adj. wertlos.*

lîhte *adv. leicht, vielleicht.*

lîhtgemuot *oberflächlich.*

liljenvar *lilienfarben.*

lîp *leib, leben, person.*

list *stm. wissen, kunst, list.*

liuten *dat. pl. von* lût *laut.*

lô · · lôch *stm. hain.*

loc *stm. locke.*

lôs *leichtfertig, frech.*

lœsen *loskaufen.*

lougen *stn. läugnung;* âne, sunder l. *unläugbar.*

lûne *laune, unbeständigkeit.*

lützel *substantivisch und adverbial wenig; öfter litotes* = *nichts, nicht.*

mâc *stm. verwanter.*

maget *jungfrau.*

malhe *swf. sack, tasche.*

man *mann, lehnsmann.*

mâne *swm, mond.*

manec *manch, viel.*

mære *adj. herrlich, wert.*

mære *stn. nachricht, ruf*; hôher m. sin *in grossem ansehn stehen.*

margarite *perle.*

mat *subst. das mattmachen im schach-spiel*; einem m. tuon *einen matt machen.*

mâze *stf. mass, verhältniss*; ze mâze *in gehöriger weise.*

mê = mêr.

megetlich *jungfräulich.*

meinen *meinen, im sinne haben, seine neigung worauf richten (mit acc.);* m. an *beziehen auf.*

meiste *superl. grösste.*

melden *verraten.*

menen *treiben.*

menneschlichen *adv. als mensch.*

menscheit *menschliches wesen.*

mêre, mêr, mê *substantivischer und ad-verbialer comp. mehr; weiter, ferner.*

merkære *aufpasser.*

merken *aufpassen, beachten.*

mez *stn. mass.*

mezzen *messen, zumessen, abwägen.*

michel *gross;* michels *um vieles.*

mîden *meiden, fern bleiben wovon.*

miete *lohn.*

milte *adj. freigebig; stf. freigebig-keit;* milteclîche *adv. freigebig.*

minneclich, *adv.* minneclîche(n) *auf liebe bezüglich; lieblich.*

minner, minre *adj. kleiner; subst. u. adv. weniger.*

missebieten, mit *dat. geringschätzig behandeln.*

missegân *übel ergehn.*

missestân *übel anstehn.*

missetât *vergehen, makel.*

missetreten *fehl treten.*

missetuon *unrecht handeln.*

missevarn *verkehrt handeln.*

missewende *stf. makel.*

mitewist *stf. beiwohnung.*

mittel *adj. in der mitte befindlich.*

mittelswanc *mittlerer schwung (des rosses).*

mitten, ie mitten *mittlerweile.*

müen = müejen *quälen, betrüben.*

müezen *in die lage kommen etwas zu tun, müssen, sollen, mögen.*

mügen *können, vermögen*; gerne m. *guten grund wozu haben*; müget ir schouwen *so viel als „schaut doch"*; waz mac ich (des) *was kann ich dafür.*

münizîsen *prägstempel.*

muose *prät. von* müezen.

muot *seele, sinn, stimmung, absicht;* mir wirdet ze muote eines d. *ich entschliesse mich wozu.*

muoten an *begehren von.*

nac *stm. nacken.*

nâch *adv. beinahe*; nach (dar nâch *nachdem*); *präp. nach, gemäss.*

nâhe(n) *adv. nahe*; n. spehen *genau zusehen*; n. ligen *am herzen liegen.*

næhest *jüngst, vor kurzem.*

nâhgebûr *nachbar.*

name *name, stand, person.*

ne, en, *angelehnt* n *nicht; in abhängigen conjunktivsätzen* 1. *es sei denn, dass*; 2. *dass nicht* == *lat.* quin.

nebelkrâ *stf. nebelkrähe.*

neinâ *nicht doch, auch als ermunternder zuruf gebraucht, ohne dass etwas zu verneinen ist.*

nemen, sich an n. *mit acc. sich mit etwas befassen.*

nern *am leben erhalten.*

nîden *stv. hassen, beneiden, zürnen wegen.*

nider *adj. niedrig.*

niender, niener *nirgends.*

niene *nicht.*

niht *nichts, nicht;* niht steines *kein stein.*

nît *hass, neid, zorn;* nît hân m. *gen. zürnen wegen.*

niuwan, niewan *nichts als, nur.*

niuwe *adj. neu, neumodisch.*

niuwe *stf. neuheit, frische.*

noch *und auch nicht, noch; ein* weder kann vorhergehn, ist aber häufig zu ergänzen.

nône (*neunte stunde*) *himmelfahrtstag.*

nôt, âne n. lâzen *unbehelligt lassen.*

nôtic *in not befindlich.*

nû, nu *jetzt, nun, nun aber*; *rel. da nun.*

nuz *stm. ertrag.*

ob 1. *präp. über*; 2. *conj. wenn, ob.*

obe 1. *adv. oben, über, mit dat. über etwas hinaus*; 2. *conj.* == ob.

obedach *obere bedeckung, abschluss.*

och == ouch.

oder, ode, od *oder.*

ordenunge *ordnung, abteilung (engelchor).*

organieren *die begleitung spielen (?).*

ors *stn. ross.*

ort *stn. spitze, ende:* unz ûf (an) daz ort *bis zu ende, vollständig.*

ouge, under ougen *in's gesicht, im g.*

ougenblic *blick der augen.*

ougenweide *stf. was man mit den augen erblickt.*

ouwê, ouwî *ach (drückt schmerz, sehnsucht und erstaunen aus).*

palas *stmn. hauptgebäude einer burg, welches den saal enthält.*

pfaffe *swm. geistlicher (nicht verächtlich).*

pfaflich *adj. nach art der geistlichen.*

pfahten *gesetzlich feststellen.*

pfarre *swf. pfarrei.*

Pfât *stm. Po.*

pfâwe *swm. pfau.*

pfeller *ein seidenstoff.*

pfenden *berauben.*

pflegen *stv. mit gen. sich womit abgeben, wofür sorgen, etwas treiben, leisten, besitzen.*

pflegære *vormund.*

pfliht *anteil;* âne p. *ohne dass jemand daran anteil nimmt.*

pflihten *sich verbinden,* zuo *mit.*

porte *pforte.*

predjen *predigen.*

prüefen *untersuchen; anstiften.*

Pülle *Apulien.*

rât, des wirdet rât *dafür wird ab-*

hülfe geschaffen; min w. r. *mir wird geholfen, ich werde errettet.*

redegeselle *freund, geliebter, der sich an der unterhaltung mit der geliebten genügen lässt.*

roderich *verständig.*

regen *in bewegung setzen.*

reht *stm. recht, was einem zukommt*; ze rehte *in richtiger weise, von rechtswegen*; durch r. *von rechtswegen.*

rehte *swn. das selbe*; nâch dem rehten *richtig, gerade.*

rehte *adv. recht, gerade, wahrhaft.*

reine *trefflich.*

reise *zug, auch kriegszug.*

rennen *sprengen (vom reiter).*

rêren *fallen lassen.*

rich(e) *adj. reich, vornehm.*

riche *stn. reich, herrschaft, reichs-oberhaupt.*

richen *reich machen.*

rihten *gerade machen, richten*; einem r. *ihm recht verschaffen.*

rihtære *richter, leiter.*

rimphen *stv. sich zusammenziehen.*

rinc *panzerring*; *kreis von menschen, insbesondere gerichtsversammlung.*

ringe *leicht, klein.*

ringen *stv. kämpfen, sich abmühen.*

ringen *swv. leicht machen.*

ris *stn. stab, zepter.*

risen *stv. fallen*; einem ûf r. *auf einen fallen.*

riuschen, rûschen *rauschen.*

riuten *ausroden.*

riuwe *schmerz, reue.*

riuwen *stv. schmerzen, leid tun.*

Riuze *Russe.*

rœseloht *rosig.*

rüegen *mit acc. vor gericht worüber klagen.*

rüemære *prahler.*

rüemic *prahlerisch.*

rüeren *berühren, treffen.*

rügge *stm. rücken.*

rûnen, einem mite r. *mit einem vertraulich flüstern.*

ruochen *mit gen. sich kümmern, ge-*

ruhen; nu enruoche *ich kümmere mich nicht darum, es ist mir einerlei.*

ruowe *ruhe.*

s *angelehnt* es *oder* si.

sælde *stf. glück, heil.*

sældenrich *segensreich.*

sælekeit *glück.*

sælic *beglückt*; sælic sî *segenswunsch, mit dem man sich von etwas abwendet, womit man nichts zu schaffen haben will.*

sam(e) *ebenso*; *wie, als ob.*

sanfte *adv. sanft, angenehm, wohl.*

sant -- samt *mit.*

sâze *hinterhalt.*

schaben *abkratzen.*

schâch *schach (der zuruf beim spiel).*

schaffen [a] *stv. ausführen, einrichten, festsetzen, bestimmen*; mit in schaffen *mit ihnen gemeinsame sache machen*; *part.* geschaffen *beschaffen, gestaltet.*

schal *freudiger lärm einer hofhaltung*; ze schalle werden *zum gespött werden.*

schalc *knecht, gemeiner, boshafter mensch.*

schalchaft *gemein, böswillig.*

schalkeit *gemeines benehmen.*

schallen *lärmen, jubeln*; ein grosses haus machen (75,87).

scham(e) *scham*, *schamhaftigkeit*; wibes sch. *etwas, dessentwegen sich ein weib zu schämen hat.*

schamen *schämen.*

schapel *stn. blumenkranz.*

scheiden *scheiden, unterscheiden, entscheiden.*

schellen *einen schall machen.*

schemelich *schändlich.*

schernen *spotten.*

schiere *bald.*

schiezen *intr. sich rasch bewegen.*

schilhen *schielen.*

schimpfen *scherzen.*

schîn *adj. offenbar*; sch. tuon *zeigen* sch. werden *sich zeigen.*

schîn *stm. glanz, äusseres ansehn.*

schînen *glänzen, sich zeigen.*

schône *adv. zu* schœne.

sshouwen *substant. infin. aussehen.*

schrin *stm. oder stn. schrein.*

schrôten, *prät* schriet *schneiden, zuschneiden, bildl. zuteilen.*

schulde, schult *schuld*; von schulden *mit gutem grunde, mit recht.*

sê *interj. siehe*; sêt *seht.*

sedel *stm. sitz.*

seit, seite = saget, sagete.

seiten *umstricken (?).*

selbwahsen *von selbst gewachsen.*

selbwesende *durch sich selbst existirend.*

selde *stf. wohnsitz.*

selpvar *eigene farbe habend, ungeschminkt.*

selten, *häufig litotes* — *nie.*

seltsæne *seltsam.*

sem mir (semir · sam mir) got *so wahr mir gott helfe.*

senen *intr. und refl. schmerz. besonders liebesschmerz empfinden*; *part.* senede, sende; sende leit *liebesleid. s. suht liebeskrankheit.*

senelich *betrübt*; senelicher kumber *liebeskummer.*

senfte *adj. sanft, angenehm.*

senften *besänftigen, erleichtern.*

sêr *stn. schmerz.*

sêren *verletzen.*

ses *die sechs auf dem würfel.*

sêt, *siehe* sê.

setzen *einsetzen*; für s. *sich vorstellen, erwarten.*

sibenen *zur sieben machen.*

sicherheit *gewähr, bürgschaft.*

siechen *krank sein.*

siechhûs *krankenhaus.*

sigen *stv., prät.* seic *sinken.*

sigenunft *sieg.*

sin, *häufig im pl. geist, verstand*; einen sin (67,₁₂) *eine verständige überlegung.*

sinewel *kugelrund.*

sinewellen *wie eine kugel rollen.*

sinnelôs *nicht bei sinnen.*

sinnen ze *auf etwas denken.*

sippe *adj. verwandt.*

sippe *stf. verwandtschaft.*

sit *später, seitdem*; sit daz *oder bloss* sit *rel. nachdem, da.*

site *stm., öfters im plur.* sitts, *benehmen.*

sitzen *sich setzen*; gesezzen sin *sitzen.*

siuren *bitter machen.*

slaht₂ *stf. art*; einer s. *von einer gewissen art.*

sleht *schlicht, glatt.*

slichen *leise gehen.*

slinden *stv. verschlingen.*

slipfic *glatt.*

sloufen *anziehen.*

slucken *verschlingen.*

smac *geruch, duft.*

smæhe *widerwärtig, verächtlich.*

smal *schmal, gering.*

smecken *duften.*

smiegeu *stv., part.* gesmogen *schmiegen.*

snarrenzære *geigenkratzer (?).*

snit *schnitt, ernte.*

sô *so, wie, wenn, dann*; *somit, darum anderseits, dagegen*; sô-ie — sô-ie *je-desto.*

soln *schuldig sein, sollen, werden.*

sorgen *betrübt sein.*

spæhe *kunstvoll.*

sparn *schonen*; ûf s. *aufschieben.*

spæten *zu lange aufschieben.*

spehen *prüfend betrachten, gewahr werden.*

spil *spiel, ergötzung*; daz bezzer s. *das bessere teil.*

spilde = spilnde *part*

spil(e)n *sich lebhaft bewegen, hüpfen, funkela.*

spiz *spiessbraten.*

spor *stn. fusstapfen.*

sprechen, *mit dat. einem etwas nachsagen*; einem zuo s. *zu einem sprechen*; einen tac s. *festsetzen.*

spruch *ausspruch, wort*; lâzent sin ze spruche niet *lassen ihn nicht zu worte kommen.*

staben *den eid abnehmen (man wurde dabei mit dem stabe des richters berührt).*

stân, stên *stehen, sich befinden, sich*
ausnehmen; s. an *abhângen von*; bî
s. *neben etwas stehen*; lâ stân *halt inne.*

starc *gewaltig, gewichtig.*

stat *stf. stelle*; an mîner s. *soweit es*
auf mich ankommt.

stat(e) *stf. gelegenheit.*

stæte *adj. beständig*; *subst. beständig-*
keit; *adv.* stæteclîchen.

stæten *beständig machen, sichern.*

stegen *den weg bereiten.*

stellen *anstellen*; *part.* gestalt *gestal-*
tet, beschaffen.

sterben *töten.*

stille *heimlich.*

Stîre *Steiermark.*

stiure *stf. unterstützung.*

stiuren *unterstützen.*

stôle *stf. priestergewand.*

stœren *in unordnung bringen, zer-*
stören.

stolz *stattlich.*

strâle *stf. pfeil.*

strît *streit, eifrige bemühung*; sunder
s. *sicherlich*; einem den s. lâzen
sich für überwunden erklären, das
feld räumen.

striuzen *spreizen.*

strô *strohhalm, strohlager.*

stunde, ze stunden *alsbald*; under
stunden *ab und zu*; zeiner stunde
einmal.

stunt   stunde *in adverbialen aus-*
drücken: zallen s. *immer*; an der
selben s. *alsbald.*

sturm *kampf.*

süenen *zum frieden bringen.*

süener *friedensstifter.*

süeze *adj. süss, lieblich*; *substant.*
süssigkeit.

süezen *süss machen.*

suht *krankheit.*

sumelich *manch.*

sumerlate *stf. einjähriger schössling,*
rute.

sûmunge *säumniss.*

sünden *sündigen.*

sunder *adj. besonder*; *adv. besonders*;
präp. ohne.

sundern *sondern.*

sunnevar *sonnenfarbig.*

suochen, an einen *einen ersuchen um.*

suone *frieden.*

suontac *tag des jüngsten gerichts.*

sus *so.*

swâ [sô] *wo immer.*

swach *gering, wertlos.*

swachen 1. *verringert werden*; 2. *schwä-*
chen, beeinträchtigen, an der ehre
schädigen.

swalwe *swf. schwalbe.*

swanne, swenne *wenn (tempora!).*

swar *wohin immer.*

swâr, swære *schwer, drückend, unan-*
genehm.

swære *stf. kummer.*

sweben *schweben, schwimmen.*

sweiben *schweben.*

swelch, -hes *was für einer, welcher.*

swenden *schwinden machen.*

swenken *schwingen.*

swer, swaz [sô] *wer, was auch immer*;
wenn jemand; swaz kumbers *wieviel*
kummer.

swer(e)n *schwären.*

swie *wie auch immer, wie sehr auch,*
wiewol.

swinde *kräftig.*

swingen (sich) *schwingen.*

tac, bî kurzen tagen *vor kurzer zeit.*

tach *bedeckung.*

tageliet *morgenlied des wächters, im*
plur., weil liet die einzelne strophe
bedeutet.

tandaradei *bedeutungsloser refrain.*

tar 1 *sg. zu* türren.

teil, mîner fröuden teil *was mir an*
freuden zugeteilt ist; ein teil *etwas.*

tiure *adj. kostbar, wert, selten*; *adv.*
um hohen preis; *comp.* tiurre.

tiu(t)sch *deutsch.*

toben *rasen, nicht bei verstande sein.*

Toberlû *Dobrilugk, ehemaliges Cister-*
zienserkloster, jetzt stadt im regie-
rungsbezirk Frankfurt.

tœren *zum besten haben.*

tœresch *töricht.*

torste *prät. von* türren.

touf *stm. taufe, christliche religion.*

touc 1 *sg. zu* tugen.

tougen *adj. und adv. heimlich, stn. geheimniss.*

tougenliche *adv. im geheimen.*

Trabo *Trave.*

trâge *adv. zu trœge säumig.*

trahten *überlegen.*

Trâne *Trani.*

treit 3 *sg. ind. von* tragen.

triuten *lieb haben, liebkosen.*

triuwe *stf., häufig im pl. treue, gegebenes wort,* an den triuwen min, bî mînen triuwen *in treuer gesinnung, aufrichtig.*

trôst *zuversicht, hoffnung.*

trœsten *ermutigen, hoffnung machen.*

trüge *stf. betrug.*

trügelich, *adv.* trügelichen *betrügerisch.*

tugen *taugen, wert sein.*

tugenden *mit* tugent *ausstatten.*

tugent *tüchtigkeit, treffliche eigenschaft oder wirkung, feines benehmen.*

tugenthaft *liebenswürdig, gefällig.*

tumben *sich unbesonnen benehmen.*

tump *unerfahren, unbesonnen, töricht.*

tuon *tun, handeln, machen;* wo es ein vorhergehendes verb. vertritt, construirt wie dieses *(sie sehent mich .. alsô tuon ich sie);* under t. *ducken, verstecken;* getân *beschaffen,* wol g. *schön.*

turn *turm.*

türren, ich tar, *prät.* torste *wagen.*

tûsentstunt *tausendmal.*

twahen *waschen.*

twerch *quer, schief;* gen. twerhes *adv.*

twingen *zwingen, in seiner gewalt haben, bekümmern.*

übergeben *aufgeben.*

übergnôz *stm. was alles andere in seiner art übertrifft.*

übergrâ *übermässig grau.*

übergulde *stf. was etwas anderes an wert übertrifft.*

übergülden *mit acc. einen höheren wert verleihen.*

überhêr *übermässig vornehm.*

überhêre *übergewalt.*

überhœhen *übertreffen.*

überkomen *überzeugen.*

übermâze *stf. was über das gebührende mass hinausgeht.*

übermüete *stf. übermut.*

übersehen *nicht beachten.*

überstrîten *besiegen.*

übertrinken, sich *sich im trinken übernehmen.*

überwundern *durch wunder überbieten.*

übric *zu gross.*

üeben, sich *sich bemühen.*

ûf *adv. und präp. auf, auf-hin, gegen, hin nach;* ûf und abe *zu und ab;* ûf und ûz *ganz und gar;* ûf ein *zusammen.*

ûffe *adv. auf;* û. tragen *auf dem kopfe tragen.*

umbevâhen *umarmen.*

umbgrîfen *umfassen.*

unbehuot *ohne aufsicht.*

unbereit *unzugänglich, fern.*

unbescheiden *nicht bescheid wissend.*

unbetwungen *nicht von kummer bedrückt.*

unbewollen *unbefleckt.*

unbeworren *unbehelligt.*

unbilde *stn. seltsame erscheinung.*

undanc, habe u. *sei verwünscht;* zu danke *wider willen.*

ünde *stf. woge.*

under *adv. u. präp. unter, zwischen* dar under *dabei, inzwischen.*

underkomen *sich vorsehen gegen.*

underleinen *stützen.*

underwîlen(t) *zuweilen.*

underwinden, sich *sich annehmen.*

unebne *unangemessen.*

unêren *schänden, geringschätzig behandeln.*

unerlân *nicht fahren gelassen.*

unverebenet *unausgeglichen.*

unverschart *unverletzt.*

unverworren *ungestört.*

unverzaget *unverdrossen.*

unfuoge *unschicklichkeit.*

ungahtet *mit gedanken nicht erfasst.*

ungebære *stf. gejammer.*

ungebachen *ungebacken, unausgebildet (?).*

ungedienct *ohne gedient zu haben.*

ungedult *unverträglichkeit.*

ungefüege *adj. unschicklich, von unschicklichem benehmen.*

ungefüoge *stf. unschicklichkeit.*

ungefuoc *stm. ungebühr.*

ungehazzet *nicht angefeindet.*

ungelônet, *des wirt u. das bleibt unbelohnt.*

ungeloube *falscher glaube, irrlehre.*

ungemâlet *ungeschminkt.*

ungemeine *nicht allen gemeinsam.*

ungemüete *üble stimmung.*

ungenâde *ungnade, elend.*

ungenæme *widerwärtig.*

ungesühte *stn. gicht.*

ungewert *keine gewährung erlangend.*

ungezogenliche *auf unfeine art.*

unheinlich *nicht vertraulich.*

unhövescheit *unfeines benehmen.*

unkiusche *stf. unkeuschheit.*

unkristen *stm. nichtchrist.*

unmære *gleichgültig, zuwider.*

unmâze *stf. masslosigkeit, unziemlichkeit (78,₈₉).*

unmâze *adj. masslos.*

unnâhen *adv. fern.*

unnôt, *mir ist u. ich habe nicht nötig.*

unrehte *adv. unrichtig, mit unrecht.*

unreine *treulos.*

unsælic *vom unglück verfolgt, verwünscht.*

unsanfte *adv. unangenehm; u. tuon weh tun.*

unschamelich *adj. dessen man sich nicht zu schämen braucht.*

unsenfte *adj. unangenehm.*

unsinnen *subst. infin. törichtes benehmen.*

unstæte *adj. unbeständig; stf. unbeständigkeit.*

unsûmic *nicht saumselig.*

unwerdekeit *mangel an achtung,*

unwert *gering geachtet.*

unwirden *mit acc. die achtung benehmen.*

unwîse *üble melodie.*

unwitze *stf. unverstand.*

unz *bis.*

ursprinc *quell.*

ûzer *adj. äussere.*

wâ *wo*; wâ nemt ir *woher*; wâ nû *wo sind nun.*

wâfen *interj. wehe.*

wæjen, wæn *wehen.*

wal, *gen.* walles *das wallen, wallende flüssigkeit.*

Walch *stm. Wälscher.*

walden, walten *mit gen. in seiner gewalt haben, sich womit abgeben, es fügen.*

walgen *sich wälzen, rollen.*

wallære *pilger.*

wamme *stf. bauch.*

wan 1. *ausser, nur, als (nach negationen), sondern*; wan daz *nur dass,* wenn nicht; wan der dorn *wäre nicht der dorn*; niht wan *nichts als, nur*; 2. · wande; 3. *warum nicht, dass doch.*

wân *meinung, hoffnung*; âne w., sunder w. *sicherlich*; nâch wâne *aufs ungewisse.*

wanc, *plur.* wenke *das wanken, abkehr von etwas.*

wande, wand, wan *denn, weil.*

wandel *stn. makel, fehler, schadenersatz.*

wandelbære *mit fehlern behaftet.*

wandelieren *variiren, mannigfaltig machen.*

wandeln *schadenersatz leisten.*

wænen *meinen, glauben, hoffen.*

war nemen, w. tuon *mit gen. achten auf.*

war *adv. wohin*; wo in w. nâch, w. zuo.

wâr *stn. wahrheit*; w. haben *recht haben.*

wârheit *wahrhaftigkeit, gegebenes wort*; von w. *wahrhaftig.*

wârhaft *sein wort haltend.*

warnen, sich *sich versorgen.*

warten *schauen*; *warten (mit gen.)*; wart umbe dich *schau dich um, nimm dich in acht.*

wasten *verwüsten.*

wât *stf. gewand.*

wec, under wegen *lân bleiben lassen*; ze wege *auf dem wege, fort.*

weder *welcher von zweien*; *im ersten gliede einer doppelfrage* lat.utrum.

wegen *stv. wägen, erwägen*; hôhe w. *hoch anschlagen, grossen wert legen auf.*

wegewerende *den weg versperrend.*

weise *swm. waise*; *so hiess der kostbarste edelstein in der deutschen königskrone, weil er nicht seinesgleichen hat.*

wellen *wollen*; *meinen, behaupten*; waz wolde ich dar gesezzen *was hatte es für einen zweck, dass ich mich dahin setzte.*

wenden *hinwenden, zuwenden*; *abwenden, ein ende womit machen*; einen eines d. *einen wovon abbringen.*

wenen, sich *mit gen. sich abgeben mit.*

wengel *stn. wänglein.*

wenken *ausweichen, nicht stand halten.*

wer, waz *wer*; *irgendwer*; *gen.* wes *weshalb*; waz *mit gen. was für*; waz ob *wie wenn, vielleicht*; waz danne, w. darumbe *was tut es.*

wer *stf. verteidigung.*

werben *sich bemühen, handeln.*

werc *werk, (schneider-) arbeit.*

werdecliche(n) *in ehrenvoller weise*; w. ligen *würdig angebracht sein.*

werde *in würdiger weise.*

werdekeit *ehre.*

werden *werden, zu teil werden*; wider w. *zurückkommen, von neuem zu teil werden*; ze leide w. *in leid geraten*; waz wirt der vogeline *was soll aus den vöglein werden.*

werfen, umbe w. *herumwerfen, verändern.*

werlt *welt*; zer werlte *vers'ärkt bei* ie; al diu werlt *voc.*

worn *währen, dauern.*

wern *gewähren*, einen eines d.

wern *wehren.*

werren *stv. mit dat. stören, bekümmern.*

wesen *sein.*

wesse *prät. von* wizzen.

wette *stn. pfand.*

wibel *stm. kornwurm.*

wiben, sich *ein weibliches wesen annehmen.*

wich *fade, abgeschmackt.*

wider *adv. gegen*; *zurück, von neuem*; *präp. mit acc. und dat. gegen, gegenüber, im vergleich zu.*

widerlernen *verlernen.*

widersagen *das gegenteil von etwas sagen (mit acc.)*; *fehde ankündigen.*

widerstân *zuwider sein.*

widerstrebe *widerstand.*

widerstrit *wettstreit*; en w. *um die wette.*

widerswanc *gegenschlag.*

widertuon *zurückgeben, vergelten.*

widerwürken *zu nichte machen.*

widerzæme *widerwärtig.*

wiht *geringfügiges ding, nichts.*

wilde *adj. nicht gezähmt, nicht vertraut, fremd.*

wilde *stf. ungezähmtheit, unstätes benehmen.*

wile, die wile *währenddem*; under wilen *bisweilen.*

wilent *ehedem.*

wint, ein w. *etwas nichtiges.*

wint · windet.

wipheit *weiblichkeit.*

wirde *würde, ehre.*

wirden *wert machen.*

wirs *adv. comp. schlechter.*

wirtschaft *bewirtung.*

wise *weise, melodie*; *kürzere form* wis: in balles wis *nach art eines balles.*

wit *stf. strang aus geflochtenen reisern*; bî der wide *bei strafe des stranges.*

witze *stf., öfters im plur. verstand.*

wîzen *stf. vorwürfe machen, einem die schuld wovon (acc.) geben.*

wizzende *stf. wissen.*

wolgetæne *schönheit.*

wolveile *leicht käuflich*; w. unwirdet *l. k. zu sein schändet.*

wort und wîse *text und melodie.*

wunder *wunder, etwas ausserordentliches, mit gen. grosse menge wovon*; mich nimt w. *eines d. mich ergreift verwunderung worüber.*

wunderære *wundertäter.*

wunderlich *wundervoll, seltsam.*

wunderlichen *adv. ausserordentlich.*

wundern *wunder tun.*

wunderwol *ausserordentlich gut.*

wünnebernde, wünneclich *wonnevo'l.*

wunsch *vollkommenheit*; ze wunsche *in vo'lkommener weise.*

würken, *part.* geworht *handeln, bereiten.*

wurz *stf. kraut.*

zage *swm. feigling.*

zagel *stm. schwanz.*

zûi *interj. hah.*

zam *vertraut.*

zamen *zahm, fügsam machen.*

zart *stm. liebkosung.*

zarten *liebkosen.*

zehant *sogleich.*

zein *stm. metallstab.*

zeln ze *anrechnen als*; gi-ichstellen *womit.*

zemen *stv. geziemen, wol anstehen, gebühren.*

zer *stf. zehrung.*

zerliden *zerstückeln.*

zerstœren *in verwirrung bringen.*

zesewer *adj. flect. rechter* (dexter).

zestunden *sofort*

zewâre *fürwahr*

ziehen *ziehen, erziehen*; den zoum z. *straff anziehen, um den lauf zu hemmen*; z. ûf *hinauslaufen auf.*

zirke *swm. reif, fürstenkrone.*

zît, an der z. *rechtzeitig.*

zogen *hinhalten.*

zorn. mir ist z. *mich versetzt in zorn.*

zücken *gewaltsam oder rasch ziehen. wegreissen*; sie zuhten ûf *sie rissen in die hö'he* (ihre habe, damit niemand etwas davon bekäme.

zuht *erziehung, wolgezogenheit, anstand,*

zunge *sprache, nation.*

zweien *entzweien.*

zwir *adv. zweifach.*

zwisch *zweifach, in under zwischen unter einander.*

zwivel *zweifel, ungewissheit*; *verzweiflung.*

zwivelære *verzweifler, pessimist.*

zwivellich *verzweiflungsvoll*; zwivellicher wân *verzweiflung.*

zwivellop *zweideutiges lob.*

zwivelwân *ungewissheit.*

Halle, Druck von E. Karras.